Contromano

Franco Arminio

Nevica e ho le prove
Cronache dal paese della cicuta

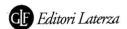

Editori Laterza

Questo libro è stampato su carta amica delle foreste,
certificata dal Forest Stewardship Council

Finito di stampare nel luglio 2009
SEDIT - Bari (Italy)
per conto della Gius. Laterza & Figli Spa
ISBN 978-88-420-9050-2

a Manfredi e Livio

A luglio i campi gialli delle stoppie,
il nero a settembre,
il verde stempiato e basso di novembre.
L'inverno a marzo finisce la prima volta
ma dovrà finire molte volte ancora
prima di finire veramente.
Il vento soffia ovunque sei,
il bianco della neve è ancora quello
del Cinquantasei.

Indice

I. DIARI DELL'IMPAZIENZA   3
    Diario concitato, p. 5 - Diario del pornoansioso, p. 29 -
    Diario del giovane astratto, p. 39

II. MANICOMIO ALL'ARIA APERTA   49
    Dichiarazioni personali, p. 51 - Miniature, p. 69

III. CRONACHE DAL PAESE DELLA CICUTA   87
    Dicerie, p. 89 - Pensatori delle panchine, p. 100 - Lu-
    nario dei ripetenti, p. 103 - Elenchi, p. 114

    Ringraziamenti   119

Al mio paese l'inverno dura migliaia di giornate.

Ho quarantanove anni e ne ho passati almeno quaranta-cinque nell'inverno. Quasi mezzo secolo in poche centinaia di metri, esposto come un lenzuolo abbandonato allo stesso vento, alla stessa neve. Quella che viene ogni tanto, sempre da un lato, sempre da oriente, una neve che non cade mai cal-ma, mai lenta, la neve che non si posa sui tetti ma s'incolla al-le finestre.

Sono rimasto per credere alle nuvole, alla luce, al grano che sale.

Ho provato e comincio a trovare scampo e sollievo nei din-torni, ma per lungo tempo ho visto anime inerti, cuori senza punta, pronti a rotolare in ogni direzione. Paesi senza popo-lo, dove i muti in genere sono i più generosi.

Questo mio paese ha nelle vene sangue di mulo, ma nes-suno sa mettergli ai piedi il ferro che serve a camminare. E al-lora si sta fermi dentro un dolore cattivo, dentro una gioia piccola e sottile come gli asparagi di bosco.

Il paese di cui si parla in questo libro è un teatro. All'ini-zio c'è un solo attore, poi prendono la parola in tanti, parole che si accavallano, fiati che rubano altri fiati. Siamo al mormorio dell'autismo corale, all'agonia ciarliera di un'epoca che ha reso poco credibile perfino il suo disastro.

Non è un paese vero, se così fosse sarebbe finto, come tutti. Il paese della cicuta è il luogo dove dio, la morte e la poesia si danno convegno perché altrove non li vuole nessuno. Stanno qui, ospiti clandestini della piazza: alberi, lampioni e panchine a cui nessuno fa più caso.

Nevica e ho le prove

Cronache dal paese della cicuta

I
Diari dell'impazienza

Salto da una morte all'altra
ed è sempre dentro la mia vita
che mi ritrovo,
sabotatore universale
che vorrebbe far saltare
anche il suo covo.

Diario concitato

SERATA IN PIZZERIA

Premetto che la pizza unita alla birra a me produce un doloroso calore alla testa, un calore che si aggiunge a quello delle luci e a quello degli stomaci in fermento degli altri mangiatori di pizza.

Premetto che a me la posizione seduta quasi sempre mi mette a disagio: io, per stare bene, devo camminare o stare disteso.

Premetto che ho trentotto anni e soffro di una grave forma di ipocondria, per la quale sono costantemente in allarme per il mio corpo, di cui temo l'abbandono da un momento all'altro.

Premetto che fino a pochi anni fa neppure ci pensavo di andare a fare una pizza con gli amici: per i motivi sopra indicati e per altri che spero si dedurranno da questo testo.

Premetto che la pizza servitaci era particolarmente scadente e che solo quando è svanita dal piatto mi sono ricordato che avrei potuto aggiungere un po' di sale per aiutare il mio stomaco a capire che si trattava di digerire una pizza.

Premetto che la giornata antecedente alla serata in pizzeria non mi aveva soddisfatto, come tutte le giornate che ho vissuto: davvero non credo di poter individuare una giornata in cui mi sono sentito bene; per la verità non credo neppure di poter individuare una giornata in cui mi sono sentito davvero male.

Premetto che la serata in pizzeria si è consumata nella città di Avellino, Italia meridionale, il quattro maggio dell'anno 1998.

Premetto che aveva piovuto tutto il giorno e che pioveva anche mentre mangiavamo la pizza e che piove anche adesso che sono le sette del giorno cinque maggio. Ricordate: «Ei fu. Siccome immobile, / dato il mortal sospiro, / stette la spoglia immemore / orba di tanto spiro».

Premesso tutto questo e altro che tralascio per non farla lunga, passo alla discussione della serata in pizzeria così come si è svolta nella mia testa.

Siamo arrivati, io mi sono tolto il giubbino che per tutto il giorno mi ero trascinato come un peso: mi riparava dalla pioggia, ma faceva anche sudare, perché l'aria era calda. Credo che anche gli altri si siano privati di qualche indumento, ma non ci ho fatto caso. Quando si arriva in pizzeria piuttosto presto c'è sempre qualche esitazione sulla scelta del tavolo. Comunque noi eravamo in tre, numero tra i più facili da collocare: in pizzeria si va solitamente pensando di mangiare e parlare senza spendere molto. Da questo punto di vista le serate in pizzeria sono ormai accessibili a tutti e potrebbero essere prese a emblema della nostra società, che si dice democratica e in pizzeria riesce a esserlo.

Dopo un po' al terzetto iniziale si è aggiunta una coppia. Io non so bene cosa sia una coppia. Le coppie pare siano formate da un uomo e una donna che dicono di amarsi e che passano quasi tutto il loro tempo a dimostrare il contrario. La parola amore, come la parola poesia, gode di un singolare e a mio parere equivoco prestigio, legato più che altro alla molteplicità di accezioni che le si possono dare. Insomma, gli uomini e le donne pare che si scelgano le parole che fanno più fumo sperando di nascondere il fatto che temono di morire. Io sull'amore e sulla poesia voglio dire che sono cose che in un certo senso esistono solo quando non ci sono. Una persona felice che si crede felice o un poeta che si crede poeta in realtà sono esseri difettosi, come tutti. Ma nel momento in cui rimuovono il proprio difetto entrano nel grande circo dell'astratto che domina il mondo: se dio avesse saputo che gli uomini avrebbero inventato le poesie, i giornali, la televisione, credo che avrebbe creato un'altra cosa (tralascio qui di opinare sull'esistenza di dio e torno alla nostra serata).

Dopo la coppia al nostro tavolo si sono aggiunte altre due persone, entrambe di sesso maschile. Quando loro hanno cominciato a usare forchette e coltelli io già usavo le mani per coprirmi la faccia: mi dava molto fastidio il calore che veniva dalla mia testa in combustione. Avrei voluto buttare la testa con tutto quello che c'è dentro in un bidone d'immondizia. Non si può fare: la testa ci deve marcire o rinsecchire sul collo.

Ma di cosa abbiamo parlato nella pizzeria? Credo che se qualcuno avesse trascritto fedelmente le nostre frasi, sarebbe comunque difficile risalire al clima della serata. «Nessuno è mai riuscito a dire / cos'è, nella sua essenza, una rosa», figuriamoci se si può dire di una serata in pizzeria.

Il terzetto iniziale sembrava avviato a una discussione sul sesso, ma gli arrivi successivi ci hanno sviato verso una conversazione mozza, fatta di piccole frasi aguzze. Una schermaglia, una guerriglia in cui, come molto spesso accade, il conflitto c'è ma non viene dichiarato. Forse le mie mani sulla faccia erano uno scudo, una difesa improvvisata per evitare che al male che mi faccio da solo si aggiungesse quello che vorrebbero farci gli altri, sperando pure che non ce ne accorgiamo. Questa notte, a un certo punto della mia insonnia, mi è tornata in mente una frase che ho scritto una volta (e che tanti certamente avranno pensato), una frase particolarmente giusta per commentare molte delle nostre serate: quasi nessuno ci vuole bene, quasi nessuno ci vuole male. Pare che, in questo momento, le persone che fanno lavori intellettuali difficilmente trovino consonanze profonde e le loro conversazioni alla fine risultano piuttosto stressanti. Io mi preferisco quando scrivo. Quando esco dal rigo mi sento smarrito. In particolare mi sembra di avvertire una quasi impossibilità di stare al mondo, in questo mondo che non sa più raccontarsi, che pensando solo ad arricchirsi inesorabilmente si impoverisce.

Torniamo alla pizza e al disagio bollente nella mia testa. Io credo che i poeti, i filosofi, gli scienziati abbiano sottovalutato quello che avviene nella nostra testa. La testa, prima ancora che un luogo dei pensieri e delle emozioni, è un luogo del mondo, un luogo diverso per ognuno di noi. Voglio dire che c'è un muschio diverso per ognuno, un modo proprio di sentire la vita, che non dipende dalla storia o dai geni, ma semplicemente da dettagli piccolissimi. Il nervosismo di un globulo rosso, l'apprensione di una cellula del pancreas, la ruggine su un atomo di ferro, ciò che immagina un leone catturato dalla nostra retina al contatto con l'odore che ci è venuto dal banco di un pescivendolo l'anno prima. Non esiste ancora una scienza, una poesia, una filosofia che si occupi di queste cose. Gli uomini sono degli animali e non si può pretendere troppo, ma allora perché non la smettono di darsi tante arie? se noi abbiamo un'anima perché non dovrebbe averla anche un virus? Ma la cosa che più mi sconcerta dei miei simili è la loro rigida e tranquilla separazione tra i vivi e i morti. Per loro io sarei vivo e mio nonno sarebbe morto. Adesso non c'è un verme che mi divora lo sterno, ma ci sarà quando sarò in una tomba. Ciò vuole dire che se adesso in me c'è una vita che in futuro non ci sarà, allo stesso modo in futuro in me ci sarà una vita che adesso non c'è. Nessuno può smentire queste mie affermazioni, come io non posso smentire che Cristo sia nato da una vergine.

Il mondo è pieno in ogni posto, anche in una piccola stanza c'è un'infinità di cose. Il sudore di una stretta di mano si unisce alla polvere, alla luce. Le piante, i titoli di un giornale, i pensieri di un istante mentre apri il frigorifero s'impastano sempre e comunque ed è inutile la fatica con cui noi mettiamo confini, stabiliamo torti e ragioni. Noi civilissimi animali pieni di ambizioni dobbiamo stare nel mondo e nella sua felice confusione giocando tra noi, alzando il muso al vento e al sole. È bello stare in cammino e incontrare qualcuno, disperarsi insieme o da soli, mutare forma e direzione, arrossire, impallidire, naufragare nel proprio sangue, tuffarsi, con estrema precisione, nel lago piccolissimo dell'eterno, in una grande festa, in una grande compassione. Ecco, tutto questo l'altra sera in pizzeria non è avvenuto e non avviene quasi mai.

IL DITO SUL CUORE

Stamattina ho pensato che dovevo smettere di scrivere. Un pensiero preciso. Con la scrittura dovrebbero andarsene dalla mia vita la maggior parte dei luoghi e delle persone che frequento. Dovrei stare coi miei figli, sulle panchine della piazza, andare in bicicletta, vedere un film. Stamattina era come se uno mi avesse messo un dito sul cuore. Un dolore breve e non molto forte, ma sufficiente a scatenare immediatamente l'allarme: sto per morire, questa volta è davvero un infarto (ogni volta penso la stessa cosa), ho abusato troppo del mio corpo, non posso più farcela. Ho preso qualche goccia di tranquillante, ho messo il flacone direttamente sulla lingua, l'ho visto fare una volta da Natalia Bollea e da allora faccio anch'io così. Adesso sto tentando di scrivere una cosa da mandare al signor Carta. Mi aveva chiesto un racconto e gli avevo mandato due pagine che si intitolavano *La tentazione di Oreste e Anna*. La mia amica Roberta, a cui pure avevo mandato il racconto, mi ha detto che è una schifezza e mi ha raccomandato di mandare un altro racconto alla rivista. Roberta nel racconto è Anna, e siccome il racconto non è venuto bene, vuol dire che non parlerò di lei. Per la verità non dovrei neanche parlare di me: io sono Oreste nel racconto. Il fatto è che già ho cominciato a parlare di me e di questa mia giornata, e poi non so scrivere racconti, inventare una storia e dei personaggi. L'altro ieri ho scritto una lettera a Marco Lodoli in cui gli dicevo che scrivere una storia è come vestire un pesce o un uccello. Non so bene cosa voglia dire questa frase. Il problema è che io sto aspettando che mi arrivi un'altra volta il dito sul cuore. E allora penserò nuovamente che devo smettere di scrivere. A ognuno il suo solco e le giornate che passano non sono altro che uno scendere e salire lungo il proprio solco. Caro Carta io non la conosco, ma lei è stato gentile e meriterebbe un bel racconto. Il fatto è che proprio non ce la faccio a raccontare qualcosa che non sia la mia vita. Ho un fratello che si chiama Vito, ieri ha compiuto quarantacinque anni. Ho due figli, Livio e Manfredi. Di mestiere faccio il maestro elementare, ma solo per tre giorni la settimana. Mezzo lavoro, mezzo stipendio. Negli altri giorni pensavo di guadagnare qualcosa scrivendo sui giornali o con altre attività culturali. Non ho guadagnato quasi niente. Questo testo forse mi darà la possibilità di avere un numero della rivista, se il testo piacerà. Metterò la rivista a fianco ai miei libri e alle altre riviste. Quando sarò morto qualcuno potrebbe anche andare a sfogliarle. I miei figli potrebbero mostrarle a qualcuno. Mia moglie credo che non lo farà. Lei non ha neppure un filo di vanità, sta nel mondo con una dolcezza e una discrezione che non ho visto in nessun altro. Anche lei fa la maestra elementare, insegna in un paese che si chiama Aquilonia e che una volta si chiamava Carbonara. Mia moglie ha quasi tre anni più di me. Ci siamo sposati piuttosto tardi, come tutti. Io sto scrivendo questo testo nella casa di mia cognata ad Avellino. In questa casa con me ci sono due fratelli, uno si chiama Antonio e l'altro Roberto. Antonio è nell'altra stanza a guardare la televisione. Roberto è ancora a lavoro.

Della giornata di oggi devo dire poche cose. Ho chiamato il dottor Ciasullo e gli ho detto della mia angoscia mattutina. Lui conosce il mio caso e mi ha subito procurato un appuntamento con un suo amico cardiologo: l'appuntamento è per domani mattina alle otto e mezza. Ciasullo mi ha prescritto un farmaco un paio di mesi fa. Io questo farmaco l'ho preso regolarmente. Non mi era mai capitato di prendere un farmaco per tanto tempo, un farmaco per la mia psiche. Secondo Ciasullo doveva cambiare il mio ambiente interno, il mio assetto biochimico, raccogliere le energie che attualmente si disperdono sotto forma di ansia. Siamo alla fine di marzo e marzo per me è sempre stato un mese difficile. Un mese di angoscia e di scrittura. Un mese che viene dopo un lungo inverno. Dopo giorni e giorni di vento. Caro Carta, forse questo testo non si discosta molto da quello che le ho mandato. Non so se leggendolo si sta annoiando. Io ora non voglio fare teorie sulla scrittura. Non voglio mettere una frase intelligente per innalzare il piano del testo. Io non sto seguendo nessun modello. Scrivo e basta. Sono alla quarta riga del secondo foglio. Ho deciso che devo arrivare fino in fondo. Un po' di cose da dire ci sono sempre. Oggi ho mangiato un panino. Me li va a comprare il bidello della scuola, si chiama Tonino e quando mi vede pare contento. Il panino è sempre lo stesso, prosciutto e mozzarella: molto buono e costo minimo, due euro. Oltre al panino ho mangiato un'arancia, un biscotto e una merendina. Poi ho preso una cardioaspirina. Il mio amico Ciasullo dice che ti copre per ventiquattro ore dalla possibilità di avere un infarto. In fondo la cardioaspirina mi tranquillizza più dei tranquillanti. La prendo ogni tanto, quando mi sembra che la giornata sarà più difficile di altre. A dire la verità tutte le giornate della mia vita sono piuttosto difficili, anche se raramente mi è accaduto qualcosa di veramente brutto. Io, questo mi è saltato alla mente ieri sera, quando avevo vent'anni non pensavo di arrivare a quaranta. Mi sembrava di essere in una tale combustione da non farcela ad arrivare a questa età. Non stavo mai fermo, scrivevo dieci, quindici ore al giorno. E poi leggevo tanto, certe volte anche due libri in un giorno. Non mangiavo quasi mai seduto, non ci riuscivo. Non andavo in pizzeria con gli amici. Ora queste cose riesco a farle, dico mangiare seduto o andare in pizzeria. Poi può sempre capitare che mi venga il dito sul cuore o che senta la testa vuota. In genere informo prontamente del mio stato l'interlocutore o l'interlocutrice. Il fatto è che sono stanco di questi agguati. Ho sbagliato qualcosa nella mia vita, qualcosa avrà sbagliato mia madre. E forse qualcosa ha sbagliato l'umanità, ma non da poco tempo, da millenni e millenni. Dovevamo prendere un'altra strada. Ovviamente non so quale. Credo che questa sia un'idea che viene a tante persone. A parte le cose che leggiamo o che ci dicono, come facciamo a sapere le cose che vengono in mente alle persone? Sono le sette e un quarto, fra poco potrei telefonare a Roberta e dirle che ho scritto un altro testo da mandare alla rivista. Lei aveva il mal di testa, io non l'ho invitata a uscire, potevo farlo, ma ho avuto paura di un rifiuto. La chiamo e le dico semplicemente che ho scritto il testo e che prima di mandarlo vorrei farglielo leggere. In serata medito di mangiarmi due yogurt. Credo che dovrebbe anche chiamarmi Stefania. Oggi sono stato un poco con suo fratello. Gli ho fatto leggere un mio testo intitolato *Condizioni di luce del mondo interiore*. Caro Carta, è un testo che mi piace, ma non è un racconto. Non so dove andrà a finire. L'ho scritto ieri mattina alle cinque. Due tre frasi le ho costruite nel dormiveglia. Il resto è venuto giù abbastanza facilmente. Ho qualche dubbio sul finale. Ho fatto un piccolo cambiamento ma non mi ha convinto. Questa storia di intervenire sui testi ognuno la risolve a suo modo. Io adesso ho consumato questa oretta della mia vita. Prima questo testo non c'era. Non mi sono sforzato di dire alcunché. A ogni riga uno vuol vedere che capita alla riga successiva. E così si va avanti. Forse fa bene, forse fa male, forse non fa niente. Io vivo così. E gli altri pure loro vivono in qualche modo. Tutte le cose vive e perfino le cose morte vivono in qualche modo. Una volta scrissi che la vita a un certo punto prende una sua forma e la mantiene. Forse nella vita si sente quando sta per venire questa forma o quando sta per andarsene. E sono momenti poco delicati, piuttosto bruschi.

LA VITA ESPOSTA

Quando penso alla vita mi viene sempre di accompagnarla con questo aggettivo: esposta. Quando penso alla vita penso sempre che è esposta alla morte. Come una casa che ha il pavimento squarciato da una faglia e da sotto spira il vento nero, il vento del thanatos. In effetti noi possiamo costruire muri e tetti per riparare la vita, ma non possiamo costruire pavimenti. Dovunque andiamo, anche sulla Luna, rimaniamo sempre appoggiati sulla Terra. Appoggiati fino a quando siamo vivi.

Anche quando penso alla scrittura mi viene sempre di accompagnarla con questo aggettivo: esposta. Penso sempre che la scrittura che non si espone è profondamente inutile. Sembra strano che una scrittura non si esponga, ma è una cosa che accade molto spesso. Comunque non si può impedire a nessuno di scrivere giocando a nascondino. In effetti anche chi si espone si nasconde, per il semplice fatto che appena ti fai vedere, immancabilmente gli altri chiudono gli occhi. Io credo di aver fatto questa esperienza con le donne. Con loro ho puntualmente registrato questa mia condizione di invisibilità. Mi ricordo certi discorsi fatti dai sedici ai vent'anni. Ogni donna che incontravo era occasione per un lungo discorrere. Parlavo per farmi notare, e questo parlare piano piano o velocemente mi sgretolava. Direi che l'unica variante era proprio il ritmo con cui avveniva la sparizione, sul fatto che sparivo ai loro occhi non c'era dubbio. Non ero corpo, ma una voce. Allora ancora non lo sapevo, io non parlavo di me stesso, ma di un caso, il caso Arminio. Esponevo la cosa più intima come fosse la cosa più distante. E dunque per nessuna donna era possibile capire chi era la persona che chiedeva intimità: la persona che parlava o quella di cui si parlava.

La faccenda tra me e le donne più che erotica è sempre stata semiologica. Tra me e loro c'era sempre la scrittura. Arrivavo a una donna portando la scrittura a cui mi avevano portato le donne precedenti. Invano chiedevo che fossero loro a scrivere, a parlare, lo chiedevo così fittamente che non c'era spazio per interrompere la mia richiesta. Non ci sono mai state novità in questi incontri. Alla mia esposizione seguiva il loro nascondersi e sparire. Io non ho mai lasciato una donna e non sono mai stato lasciato. Semplice dissolvenza. Destino normale per un dissoluto.

ADESSO

Adesso sono le cinque del mattino, è stata una notte dal sonno superficiale, bucata da sogni cattivi. È chiaro che il sonno dipende da come abbiamo attraversato il giorno.

Adesso sto qui davanti al computer, aspetto la luce scrivendo. Ieri sera ho sentito nella casa che il buio si è fatto maligno, nella mia casa illuminata e col televisore acceso ho sentito il buio che sta in tutte le case chiuse di questo paese, case piene di ragnatele e di damigiane sfondate, con la carta da parati che si è scollata, con una bottiglia piena di polvere sulla fornacella, ho sentito che non c'è riparo da nessuna parte, che nessuna vita può difendersi da niente, siamo esposti, irrimediabilmente esposti a tutto, tranne che alla gioia, questo sento adesso stando qui, non so se è una situazione che riguarda tutti i luoghi o solo i paesi, non so se riguarda solo il mio paese o solo il mio corpo in questo paese. Ieri mattina all'edicola c'era un barista in pensione che aveva attaccato il suo disco sulle cose che non vanno, qui tutti parlano delle cose che non vanno, siamo tutti dei recriminatori, io mi illudo di essere un recriminatore poetico, ma non cambia niente. Ogni tanto ricevo qualche complimento, sempre uno alla volta, perfino qui adesso ricevo qualche complimento, ma ho capito che nemmeno questo mi serve. Neppure se mi eleggessero sindaco sarei molto contento. Credo che avrei semplicemente molta paura. Paura di morire per la fatica di dover sopportare tante critiche. Sarei un bersaglio facile. In effetti adesso mi sembra che non posso sostenere nessun compito impegnativo. Ieri sera spogliandomi per infilarmi nel letto ho pensato al sesso e al fatto che se incontrassi una donna che mi piace veramente ci sarebbe comunque il problema di poter morire nel momento del massimo piacere. Lo penso adesso, magari quando sei veramente dentro il piacere non lo fai più questo pensiero, scivoli dentro la tua vita e muori semplicemente quando devi morire e non come adesso che ogni occasione ti sembra quella giusta per morire. Non è che alla fine di novembre e al mio paese si possa pensare a molto altro. Stanotte ho dormito male anche perché ho sentito il dolore esausto di mia moglie. Lei non si mette a scrivere, ma ieri si leggeva sulla sua faccia la stanchezza di ripetere sempre le stesse cose, la stanchezza di sentire i miei lamenti e adesso anche quelli di mia madre. Adesso c'è una novità nella nostra vita ed è la presenza a casa di mia madre. Non ce l'ha fatta a stare nella casa grande da sola, in quella casa che era un ristorante pieno di gente e adesso è chiusa come le altre in una strada che serve solo a parcheggiare le macchine. Non era facile rimanere lì dentro per una come mia madre che pensa sempre di essere un'ammalata grave e che giorno dopo giorno mi ha insegnato questo pensiero della malattia e me lo insegna anche adesso che avrei bisogno di altri insegnamenti. Lei prima non si godeva la vita perché era impegnata a lavorare, adesso non si gode la vita perché il corpo funziona male e lei pensa solo al corpo che funziona male. Comunque questa faccenda di mia madre è la prima vera situazione stressante della mia vita. Nel senso che è una situazione senza uscita. Io mi sono spostato di due chilometri dalla casa in cui sono nato e lei mi ha raggiunto. Non deve essere un grande spettacolo per la mia sposa badare a due figli adolescenti e vedere questa coppia di separati in casa che siamo io e mia madre. Sicuramente non soffre di gelosia. Tra me e mia madre non ci sono effusioni che potrebbero fare ingelosire un'altra donna, c'è semplicemente questa mia insofferenza di essere rimasto qui, dentro un utero elastico che non si sfonda mai. Proprio in questi giorni mi veniva il pensiero che io con le donne non riesco mai a mettermi d'accordo perché faccio una richiesta enorme. Non chiedo di entrare in loro. La mia non è una richiesta di penetrazione, ma di inclusione. Io voglio entrare nelle donne per poi uscirne. Non voglio essere amato, voglio essere ripartorito. Come se nascendo una seconda volta potessi finalmente espormi alla vita, al suo vento, al suo calore. Sono infinitamente, penosamente avvilito da questa mia vita al chiuso, vita da fantasma che si nutre ormai solo delle sue stesse parole. Forse non sono mai stato partorito e forse non sono mai stato neppure concepito. Io sono il frutto di una gravidanza isterica che avrà fine solo con la mia morte o con quella di mia madre. Questo penso adesso, alle sei del mattino.

PROSA DEL QUATTRO SETTEMBRE

Io sono un ipocondriaco, hypocondria maior, una forma di psicosi che consiste in una continua osservazione del proprio corpo, conclave di sintomi minacciosi e mutevoli, segni di una fine che s'immagina prossima.

L'ipocondriaco sente che avere il corpo malato fa sentire quanto ci sia estraneo: noi apparteniamo al nostro corpo ma esso non ci appartiene. Allora ecco che diventiamo spioni, voyeur di noi stessi, alla ricerca del traffico losco che il nostro corpo intrattiene coi demoni. Dentro di noi c'è un sabotatore e chi ne avverte lucidamente la presenza non può lasciarsi andare proprio a niente, né alle donne, né al mondo. Si sta sotto il fuoco di un cecchino che non spara, prende solo la mira.

Noi siamo i coloni del nostro corpo e quando raccogliamo qualcosa abbiamo sempre il sospetto che non siano frutti da mangiare, ma semi per fare altri raccolti. Questo pensiero non mi convince, ma ormai la frase è fatta.

Noi siamo traslocatori: porto in me le tue parole, porto in te le mie, e così per gli sguardi, i sentimenti e tutto il resto. Qui rischio di perdermi e mi fermo. Comincio ad avere un poco d'ansia. Vado a fare una pedalata.

La vita l'ho lasciata da ragazzo, l'ho lasciata quando ci potevo entrare, ho scelto lentamente un'altra strada e ora sono qui a dire che non ho nessuno intorno, nessuno che delira insieme a me.

Lo avevo chiesto alle donne. Avevo una foga certe volte nel vagheggiare un rapporto che andasse oltre il corpo, oltre il cuore. Non hanno risposto.

Nessuno ha colpa, loro hanno altre vite, altri corpi. Le donne e gli uomini non sanno nulla oltre la briciola del mondo.

Un minuto acceso che accende tutti gli altri minuti, io sto in un fuoco, la mente è una vampa, nessuno mi vede per quel che sono, una striscia, una striscia di fuoco.

Comunque il mio problema è la paura di morire, e questa idea che il mio corpo possa cedere da un momento all'altro, come se fossi una torre colpita da un aereo.

Adesso cado nelle frasi.

Ora non so dove andare con queste parole, io sono un gruppo di cani con la lingua di fuori. Il foglio è la campagna.

COLLEGIO DEI DOCENTI

Quanti propositi vani che sicumera farnetica e buffa angeli
falsi e imposture vita confusionale stecche stonature io sono
un insegnante cioè un muffologo incontro ogni giorno fanta-
smi afflosciati arance spremute la scuola è un agrume che a
stento tiene insieme i suoi poveri spicchi la scuola non può
essere arcobaleno incendio che danza basta con queste can-
tilene a buon mercato finiamola con questi branchi di chiacchiere e grammatiche e astrusi calcoli la scuola non è un ro-
tocalco vogliamo insegnanti dalle braccia pelose una scuola
moschicida finitela di gracchiare di aggiornamenti e miglio-
rie io vorrei una scuola popolata di guerci e lebbrosi piuttosto che questi piccoli mostri rigonfi di zucchero e di queste
maestre come miseri stucchi ogni creatura è un violino ben-
dato e noi facciamo sputacchiere e noi ci dedichiamo alla
grottesca ortopedia dei recuperi e delle attenzioni gli insegnanti come pensionati perenni io vorrei un preside come un
enorme oste baffuto uno che ti guarda con rancore un po-
steggiatore dell'inferno ora siamo goffi e attoniti appallotto-
lati in una bruciante mestizia altro che l'uvaspina dell'infanzia la scuola è un uovo mai fecondato una Siberia dev'essere
luogo dell'ebbrezza e del malore burrasca burrasca e non

23

questo paniere d'uccelli morti una mareggiata di becchini ci circonda voglio una scuola caverna né messaggi né illusorie ricette per un più felice domani monaci lestofanti pellegrini personaggi torvi e aguzzi altro che queste signorine che sanno di sedano e carota signorine brodino ognuna invaghita affogata in sé medesima intanto se n'è andata ogni regina e il mondo è sbiancato dalla candeggina del buon senso insomma la scuola come gotica fiaba e non come perenne ritirata di Russia una bettola del trambusto altro che gessetti colorati e registri una scuola lontana dall'aria e dal sole con le porte serrate a cinque mandate una scuola afghana altro che parlantine di droghe e razzismo un pandemonio di indifferenze è questo che viviamo la scuola come stella di perdizione mercurio danzante cantine di carie e artrite e non queste vaporiere di malva queste squamose scarlattine questo alberello umidiccio e malsano uno scrutinio purissimo come una ghigliottina una vita funebre e arlecchina e non questo viluppo di stracci e non questa nave che posa nei ghiacci qui non si rilasciano cartacce pompose e certificati di crusca se piove i bambini vadano a scuola senza ombrellini e non vogliamo temi come frittelle di fango non vogliamo la merenda la ricreazione ma cose enormi temporali acquazzoni la scuola delle intemperie terra di boati e di rantoli e non questa ignobile palude questa voragine in un cucchiaino basta con le recitine col dolciume natalizio non siamo pollivendoli e non ascoltiamo chi brontola una scuola gelida e ventosa scuola del batticuore che intacchi la cera del nostro essere una scuola spaccanuvole e non birillo inutile e non gattine impigliate nei bronchi abissi dei mari e non storie di Rodari delirio delirio e non gente aggricciata su una cattedra posture sbilenche un terriccio che frana uno zucchero nero più che queste ore squallide e non invochiamo angeli ormai grigi e claudicanti invoco un'aria corrusca e non queste fiumane di inceppi la scuola è un uccello migratore e non questo roveto questo malessere questo perenne grigiore fiasche gravide di vino occhi di gufo fin dal mattino viva gli esausti i delusi chi non si alza dalla stufa e non questo groviglio di grembiuli siamo tristi e senza aiuti colleghi basta coi progetti analisi dialisi la scuola è un fiore oppure è niente la scuola è l'ignoto la miseria la scuola è fiera di funamboli e digiunatori la scuola è la mano del postino la scuola è una volpe ferita come noi come tutta la vita.

DISCORSO SULLA TERRA DELL'OSSO

Il paese è esposto a nord. È un paese di cattivo umore. Contadini costretti a zappare controvento. Due ore di cammino per arrivare a una "mezza cota" piena di pietre. Prima ancora era un esilio di pastori, dunque una terra di gente abituata a passare molto tempo in solitudine. Solitudine, malumore. Infine la scontentezza e la paura tipiche di questo tempo. Ai mali suoi il paese della cicuta ha aggiunto quelli degli altri, quelli della piccola borghesia urbana traslocata qui dagli stipendi: gli insegnanti, gli impiegati al Comune o all'ospedale. Alla durezza, all'ostilità di sempre, all'attitudine a scoraggiare e a scoraggiarsi, si è aggiunta l'ipocrisia, la stitichezza emotiva. Vivere in un posto del genere significa consegnarsi all'infelicità. Poi si può solo decidere come sfruttarla. Sfruttarla per scrivere o per incentivare l'infelicità degli altri. Sfruttarla per circuire con un robusto anello di noia la propria infelicità in modo da non sentirla. A ciascuno il suo. L'insieme delle scelte o delle non scelte costruisce un luogo che è insieme secco e viscido, aspro e melmoso. Non ci sono spiriti tiepidi, accasati in una vita operosa e tranquilla. Tutti sembrano affaccendati, chi a costruire un fallimento già costruito, chi a salire una cima che non c'è. Infatti il paese è in alto, ma non ci sono montagne.

Il vento non muove solo l'aria, ma anche la terra. Il sottosuolo cammina, è fatto di argille sciolte, tegole informi che navigano in una cupa deriva geologica. Dunque, essere qui vuol dire essere in bilico, averla nel sangue l'idea del precipitare, l'idea di spaccarsi. Ecco il triangolo. La frana e il vento i due cateti. La miseria come ipotenusa mobile. Non più la miseria dei contadini, la fame fascista, non più il paese delle coppole e delle mantelle nere, ma la miseria spirituale di un popolo che non è più tale. Il nichilismo contemporaneo incrociato con la tragedia greca. L'autismo corale tagliato con l'accidia meridiana. Il pessimismo del Nord associato al vittimismo del Sud. Ecco la frontiera, il meticciato psichico e architettonico. Ogni casa esibisce un suo sgraziato stile, ogni anima una pena indefinita. C'è molto da studiare, molto da osservare e capire. Luogo d'avanguardia, luogo di capolavori dell'accidia, luoghi in cui la vita si sciupa nell'inerzia, nel passo millimetrato di chi non crede a niente. L'ebbrezza che ha lasciato il pianeta qui non si è mai vista. Al massimo si ride con cattiveria, si ride delle altrui disgrazie. Si parla dall'amaro, dal mal di fegato. Artrosi che storce anche gli umori verso una piega di perenne rancore. Nessuno è incolume e chiaro, nessuno è amato. Su questa base caratteriale è appoggiata un'economia postdemocristiana, un misto di pensioni, sporadici commerci, imprese senza slanci. L'emigrazione dei giovani da Sud a Nord, l'emigrazione dei vecchi dalle panchine al cimitero. La vita non scorre, si aggroviglia in una stanchezza agitata, in una sequela di giornate deluse e deludenti. Una severa condizione di disagio glocale, prodotto dalla mestizia antica della civiltà contadina e dalla cialtroneria spirituale della modernità incivile. Non siamo nell'alienazione urbana e neppure in quella rurale. Una condizione in cui convivono il mondo di De Martino e quello di Augé. La terra dell'osso di Rossi Doria e la terra liquida di Bauman. Strani incroci di un luogo che non è più retrovia, ma laboratorio della nuova epoca. Un'epoca allo stesso tempo sfinita e affaccendata. Un'umanità postuma e infantile. I vecchi diventano decrepiti e i giovani non diventano adulti. Le strade dell'agonia sono infinite, quelle della salute sono vicoli ciechi. Ci si ferma, ci si addormenta appena cala il tasso di dolore. È sempre la solita storia: la vita se non è terribile ti sfugge.

Diario del pornoansioso

L'UNIVERSO ALLE UNDICI DEL MATTINO

A me piacciono le donne che non fanno tante storie prima di farsi scopare. In questa cittadina democristiana le donne fanno tante storie e non si fanno scopare.

La cittadina si chiama Avellino. Ci sono cinque giornali, diretti tutti da giornalisti democristiani. In questa cittadina si sono appena svolte le elezioni e hanno vinto i soliti democristiani che adesso si chiamano in un altro modo e stanno assieme ai loro nemici che anche loro si chiamano in un altro modo. Queste persone sono più o meno stronze come lo siamo tutti ma non lo sanno, sono stronzi e ignoranti. Oggi nessuno si vergogna di essere ignorante.

Io amo scopare con le donne intelligenti e questo, secondo quello che ha scritto *I fiori del male*, è un piacere da pederasti. Le donne intelligenti si dividono in due categorie, le sadiche e le masochiste. Ce ne stava una al cinema Cineplex di Mercogliano che le ho detto tu sei una donna intelligente. Erano due ore che vedevamo un film che non ci piaceva nella sala c'era solo una coppia a cui anche noi sembravamo una coppia, questi due una volta si sono baciati poi non hanno fatto più niente, io invece mi sono abbassato i pantaloni e la donna intelligente che era con me ha detto che sono pazzo, non me lo ha toccato non me lo ha preso in bocca e non ha voluto neppure che mi facessi una sega. Dopo il film abbiamo discusso del mio gesto per cinque ore. Abbiamo girato in macchina tutta la piccola città, tutte parole sprecate, tutta benzina sprecata, poi tre telefonate al cellulare di mattina poi cinque e-mail e poi quaranta gocce di Valium e tutto questo poteva essere evitato solo se mi metteva un dito sulle mutande, le avevo fatto vedere la forma eretta sotto il cotone bianco della Fila ma non era servito a niente.

Adesso hanno tutte il fidanzato. Ci hanno appena litigato escono con te parlano ti sorridono ma poi tirano sempre fuori sto fidanzato, sarebbe meglio se ti dicessero ho paura di morire guardami la fica leccamela abbiamo una sola vita mettimelo dentro. Queste cose le donne di Avellino non te le dicono. Puoi corteggiarle puoi avvicinarti una sera sentirti un poco intimo poi devi sorbirti la delusione del giorno dopo quando lei riprende le distanze, la senti al telefono la voce che se ne sta lontana con certe sillabe tutte rigide e paonazze e se la vedi non toccarla, lei è un riccio e il tuo desiderio è abusivo.

Io purtroppo per me non frequento le polacche di Avellino, le senti che parlano da una cabina telefonica queste cabine ormai stanno solo per loro, nella piazza le ragazze irpine che sono state a scuola e aspettano il pullman stanno sempre col telefonino in mano, il cazzo non ha i numeri non manda messaggi, il cazzo interessa meno del telefonino.

Le ragazzine che prendono i pullman io non le posso avvicinare perché ho quarant'anni e vari strati di tristezza ben visibili, la tristezza è una cosa che viene a tutti, a me viene al posto dell'ansia, io non sono triste dopo il coito sono triste dopo l'ansia.

Ad Avellino sono tutti tristi e affaticati e parlano con una lentezza e un'indolenza che mi dà fastidio. Gli avellinesi sono mediamente ipocriti, parlo di quelli che conosco, giornalisti aspiranti intellettuali artisti poeti avvocati figli di avvocati figlie di architetti professori prefetti, insomma io conosco donne che tengono ai modi e alle forme, gente che si spia per fare quello che fanno gli altri, ormai è una mania fare una vita piccola piccola e tenersela ben stretta, salvo poi lamentarsene per sentirsi diversi, per sentirsi poeti, artisti.

Ieri sera con una delle solite sembrava la solita storia. Lei dice che siamo amici, ma io le donne che non mi baciano non le considero amiche, gliel'ho anche detto ma quello che dici non serve a niente e appena tenti un gesto, ieri sera volevo appoggiare la testa sulle sue spalle, lei diventa una sindacalista: ma come ti permetti e si arrabbia e gli fai schifo e non capisce perché rovini una bella amicizia con queste smanie, tu soffri e lei s'indispone, l'incontro finisce nel solito aborto. Invece a un certo punto lei avrebbe potuto dire: ma ce l'hai un profilattico e io sorpreso avrei detto di no, bene andiamolo a cercare. In cerca della farmacia già una sua mano sulle mie gambe e io già tremante, andiamo a casa tua anzi no a casa mia: breve saluto a mamma e papà televisore acceso. Noi dobbiamo vedere una cosa al computer dice lei, porta chiusa computer acceso, la mamma e il papà vanno a dormire, la stanza è vicina lei sta seduta sul letto io giro per la stanza ho un libro in mano lei mi vuole vicino ferma le sue mani sui miei polpacci potrebbe bastare già tutto questo, la ricerca del profilattico l'ingresso in casa il toccare i polpacci invece lei sale adesso con una mano sulle gambe poi la bocca socchiusa sul mio jeans la cerniera la tira giù con i denti io non apro bocca chiudo il cuore in uno stanzino tiro la pancia indietro, ora il cazzo è allungato verso destra ma è tutto dentro lo slip lei percorre con un dito lo spazio sotto il glande vorrei farle notare che il mio glande ha la forma di un cuore ma nel bagno si sentono ancora rumori, lei passa con le narici sulla forma disegnata dallo slip sesta taglia (con la quinta non fa la stessa impressione) vorrei spegnere la luce ma resto fermo e lei continua a guardare e ad annusare.

Per me è già successo tutto, continuo a restare fermo, penso alla morte, penso che potrei morire, ho una fitta in cima al capo, per allontanare il pensiero della morte comincio a muovermi, mi abbasso lo slip le prendo la testa tra le mani l'avvicino al mio ventre. La prima parola che dico ovviamente è sbagliata, lei si ritrae si alza dal letto: vado a bere mi dice, io resto nella stanza col coso che diventa piccolissimo, quando torna mi faccio trovare disteso sul letto, è meglio che ce ne andiamo, io le dico che vorrei venire, ho detto che ce ne dobbiamo andare mi dice ma io la porto verso di me la giro faccio coincidere il mio cazzo col suo culo le bacio il collo sento il suo odore la bacio e la mordo ora è lei che sta ferma, è stretta tra me e il muro faccio avanti e indietro sul suo jeans, mi fa male ma non fa niente, credo che le piaccia e infatti le piace ma è inutile tentare di abbassarle i pantaloni. Ora non penso alla morte ma mi viene in mente un'altra ragazza, vivere è una breve interferenza, un brusio che viene a rompere il silenzio della morte, siamo vivi ma circondati dalla morte, intanto devo decidere se continuare a spingere tra i suoi pantaloni o ritirarmi e cercare un altro passaggio, basta mi dice e mi leva l'imbarazzo della decisione, usciamo, il profilattico non è servito, mica potevamo scopare a casa sua davanti alla stanza dei genitori col fratello che doveva ancora rincasare, ora c'è il problema che devo pisciare, fermo la macchina e scendo, lei si accende una sigaretta, la musica balcanica le piace, lei fuma e io piscio, mi guardo la punta arrossata, mi piace sentire la sua grandezza, una grandezza senza la vanità dell'erezione. Torno in macchina, lei mi dice che vuole andarsi a bere qualcosa in un locale del centro storico. A me questi locali del centro storico mi sembrano finti e pieni di gente finta, giovani che stanno per laurearsi giovani che fumano, gruppi di tre e di cinque uomini e donne, gente che parla fuma o mangia, in questi locali si sta al chiuso si sta dove gli altri stanno, preferirei andare in un cimitero scavalcare il muro farci lì dentro una passeggiata, ovviamente andiamo nel locale e lei incontra una sua vecchia amica che è giovanissima, ma come ha fatto a diventare una vecchia amica non si capisce, e questa amica tiene un fidanzato lo presenta io dico il mio nome e lui mi dice il suo, sarebbe stata una bella cosa se lui mi avesse detto il mio nome ed io il suo, sarebbe stato un segno che vale la pena di conoscerci, ci sediamo insieme, un tavolo a quattro siamo due coppie da questa sera, gli amici di lei non lo sanno che lei mi ha toccato lo slip con la bocca e io gliel'ho messo tra le gambe anche se era vestita anche se non sono venuto si è trattato comunque di un coito, io spingevo, facevo su e giù ogni tanto pensavo alla scena di *Ultimo tango a Parigi*, ovviamente al tavolo si parla di cinema, a un altro tavolo parlano di computer e a un altro tavolo dell'Irlanda, il mio mouse è puntato sulla morte. Il cuore è uscito dallo stanzino ed ora batte in disordine, un lato della faccia è più caldo dell'altro, vado al bagno mi guardo allo specchio i capelli li rovisto un po' con le mani cerco di portare quelli che ci sono nelle zone calve, è un lavoro che faccio molte volte al giorno, mi butto un po' d'acqua fresca sulla punta arrossata, piscio un altro poco mi guardo gli occhi allontanandomi dallo specchio, sono rossi, sembrano le bacche della rosa canina, torno su e lei mi guarda con una certa insofferenza, il fidanzato della sua vecchia amica è un patito della Ferrari, ora siamo in cinque, con noi c'è un giovane avvocato che somiglia a Kafka ma non ha i suoi problemi. Sono le tre, usciamo dal locale penso che a questo punto la cosa migliore sarebbe andare a dormire, dei cinque sono l'unico a dover fare qualcosa il giorno dopo. La mia amica fa lezioni private ma solo nel pomeriggio, l'avvocato vive coi soldi che guadagna suo padre ingegnere, quello della Ferrari non fa niente, la vecchia amica della mia semiamante fa lavori flessibili ma adesso sta preparando un concorso.

In verità siamo un buon numero ed è una buona ora per fare un'orgia, penso questo quando l'amante della Ferrari ci invita tutti a casa sua perché ha un'erba buonissima, andiamo e appena si entra lui accende lo stereo col telecomando, una schifezza di musica, ma il suono è di grande qualità, mi sembra perfino di sentire una mosca che si sarà posata per un attimo sulla chitarra. La mia semiamante parla sempre con la sua vecchia amica, il giovane avvocato manda un messaggio col telefonino, l'erba è pronta, io mi astengo per incapacità e per paura, l'idea della morte mi torna mentre sono nuovamente al bagno, anche se ho bevuto un bicchiere di birra faccio scendere sulla lingua un po' di gocce di En, lo porto in tasca quando le giornate sono impegnative, dall'infarto comunque dovrei essere coperto ho preso una cardioaspirina in mattinata. Mentre piscio controllo il rossore sulla punta, i testicoli mi fanno male, mi viene l'idea che potrebbe venirmi un cancro lì sotto, potrei già averlo, visto che mi trovo alzo la maglietta e do una controllata ai nei, uno mi sembra più grande. Mentre esco dal bagno vedo la mia semiamante che si è rimessa il giubbino rosso, sembrano tutte belle le ragazze con questi giubbini che si portano adesso. Andiamo via mi dice, mi fa male la testa. Sono le cinque del mattino e non ho capito perché abbiamo fatto così tardi. Le strade della città sono vuote, in pochi minuti siamo sotto casa sua. Lei mi saluta con un bacio frettoloso. Le dico che non ha senso andare a dormire a quest'ora, se si vuole essere davvero strani e sbandati bisogna andare a dormire alle undici di mattina.

Torna in macchina. La destinazione è decisa, Rocca San Felice. Arriviamo all'alba fa un po' freddo ci abbracciamo tra le pietre sotto la rocca. Il cielo si riempie di luce molto lentamente, io sono sopra di lei dentro la rocca, qui non ci disturba nessuno, sono sopra ma lei non vuole saperne di abbassare i suoi jeans, spingo furiosamente annuncio che sto per venire poi la bacio dolcemente proviamo vari tipi di bacio, quando il bacio dura molto mi manca il respiro perché io non uso il naso e quando mi manca il respiro torna l'idea della morte, comunque questa rocca dove fu imprigionato Manfredi è assai meglio del salotto avellinese con erba e chiacchiere inutili. Sospendo il mio su e giù mi alzo in piedi. Fammi venire con le mani e poi ce ne andiamo al bar a fare colazione. Io desidero soltanto porre fine al mio desiderio, non so bene cosa voglia lei, le dico che basterebbero cinque secondi con le sue mani, fallo da solo mi dice, non ho voglia di toccarti, le faccio vedere il profilattico le dico che mi basterebbe solo entrare, due secondi esatti. A questo punto ho una fitta violentissima al petto, sbianco, lei mi chiede se mi sento male, sì mi sento male, ma voglio farlo. Lei si spoglia e mi aiuta a spogliarmi, sono nudo ho un dolore fortissimo so che sto morendo, lei apre le gambe, sì fallo, fallo presto. Non riesco ad entrare me lo prende in bocca io gemo per il dolore al petto e per il piacere giù nel ventre, il mio corpo è spaccato, sto morendo e mentre muoio comincio a fare l'amore come non l'ho mai fatto in vita mia. Mi muovo furiosamente, la punta sembra andare sempre più dentro, anche lei gode urla mi morde mi bacia mi lecca mi stringe con le gambe con le braccia, il mio corpo attraversa il suo come una migrazione di bisonti, tutta la torre sembra tremare, io so che sto morendo ma resisto avanzo sudo urlo mi sollevo la sollevo la prendo da dietro lei piange si è accorta che sto male il mio viso è bianchissimo, tutto il mio corpo è bianco tranne il sesso violaceo, mentre spingo cerco con le mani il pantalone prendo il tranquillante faccio scendere molte gocce nella bocca, forse non è un infarto forse è solo un attacco di panico, il mio corpo sta fingendo di morire, lo ha fatto tante volte, continuo a spingere, lei sta godendo: sì ti amo ti adoro ti voglio sì vienimi dentro. Io non ricordo il mio nome non so dove mi trovo, il dolore al petto si è attenuato ma ora non sento più la testa, la sento più piccola di una pulce e mi sembra che tutto l'universo stia scivolando via e ci lasci soli, niente stelle niente bar niente luce né buio, niente amici nemici braccia capelli macchine scarpe, tutto se ne va via da un buco, a furia di spingere dentro di lei ho sfondato l'universo.

Anche il mio sperma cola giù e si perde, non ho più la mia bocca non ho più le mie ansie, la paura della morte si è dissolta come un miraggio, non ho più niente e non ho neppure l'idea di non avere più niente che già sarebbe qualcosa, mi sembra che tutta la vita dall'inizio dei tempi a ora sia stata un grande film con tante guerre amori cataclismi ma che adesso tutto questo è finito se ne vanno le comparse e gli attori principali si smontano le scenografie dei fiumi e delle montagne, era tutto finto, anche i poeti anche i morsi dei serpenti. La mia semiamante è l'unica rimasta a farmi compagnia, si pulisce il mio succo mi bacia sui capelli ma io non ho più cranio e la sua lingua cade giù, i corpi ormai non hanno più leggi, gli atomi delle sue dita esplodono liberamente, gli elettroni sciamano nello stomaco, il fegato non vuole più fare il fegato e vola via e si perde. Non ci è possibile vestirci. Rimaniamo nudi e sparsi, oltre la vita e oltre la morte, oltre le cose e oltre noi stessi, l'umanità era una pellicola sottile ma resistente, il mondo era un'illusione consistente ma forse da tempo senza saperlo gli uomini stavano migrando per uscire dalla loro forma, si erano stancati di amarsi e di odiarsi, si erano stancati perfino della loro indifferenza. Da tempo si sentiva che doveva succedere qualcosa che non era mai successo prima, nessuna rivelazione, nessuna distruzione, ma uno scioglimento dello spazio e del tempo, uno scioglimento di tutti gli aggregati, nessun atomo vuole più saperne degli altri atomi, l'universo finisce come un bicchier d'acqua e noi restiamo nudi dentro una torre.

Sono le undici del mattino quando prendiamo sonno.

Diario del giovane astratto

Diciassette marzo, un giorno senza versi

Sto diventando astratto. Appena lo ha detto mi sono sentito male. Cercavo di coprire il mio sguardo. Avevo paura di fare qualche smorfia che confermasse l'impressione del mio amico. Forse ha scoperto qualcosa. Una malattia lontanissima che si annuncia. Appena segnata sul volto. Astratto, allora. Oppure stanco. Infuso nella stanchezza. Il calendario interiore segna un autunno precoce. Forse il mio amico ha colto un movimento che a me sfugge. La corrente profonda del fiume è diversa dalla corrente di superficie. Dopo molti giorni di discussioni sfuocate, a poche ore dal congedo, c'è un'aria di bilancio, di dichiarazioni decisive. Un altro amico dice che stiamo così (ma come stiamo?) perché siamo appagati. Non abbiamo problemi. Andate in Etiopia. Lui ci è andato e in questi giorni ha discusso con noi della decadenza dell'Occidente. Un discorso che ormai fanno tutti. Parlo coi fili scoperti. I soliti discorsi. Il paese finito. L'amico dice di sapere tutto delle mie poesie. Le trova emblematiche di questi anni. Lui è convinto che siamo in un'epoca di profondissima mistificazione. E parla dell'io e del tu che adesso stanno in scena. Apparenze. Quello che conta è il noi. Intanto il *mio* disagio non diminuisce. Il disagio accompagna quasi tutte le mie frequentazioni. Per un motivo o per un altro. Antipatie. Noie. Mancanza di stimoli. Oppure semplicemente la mia ansia. Quella che anche adesso mi fa passare le mani sui capelli. Ed è meglio non continuare con queste righe. Finirei per dire le solite cose. Devo solo aggiungere che è importante finir bene le serate. Si dorme meglio e la mattina dopo ci si mette nel mondo con la testa in avanti e non di traverso come ho fatto questa mattina. Ho provato a scrivere, come al solito. E il primo verso di una pessima poesia, triste e acquosa, diceva: «Oggi niente versi».

Recriminazione

Annoiarsi è come bere. Ieri sera mi sono tanto annoiato che questa mattina mi sento ancora stordito.

Ho passato la serata con le mie quattro amiche. Abbiamo passeggiato in silenzio. Forse mi piacciono tutte e quattro, forse piaccio a qualcuna. Mi capita spesso di fermarmi in piazza con loro. Prima però stavo meglio, scherzavo, mi piaceva parlare. Ora aspetto vanamente che mi diano uno spunto, una scossa per far cadere questo velo di noia che mi prende appena esco. Ma in fondo l'unico che non si annoia in queste lunghe sere d'agosto è il barista. Tutti gli chiedono qualcosa, fanno la fila per una birra o un gelato, mentre a me che scrivo nessuno ha mai chiesto niente. Queste serate estive me le ricordo sempre un poco deludenti. Le ragazze escono poche sere all'anno, fanno una vita normale, aspettano, senza crederci molto, di trovare un lavoro e un ragazzo. Cosa aspetto io che scrivo ogni giorno solo per non darla vinta a quel cafone di mio cugino?

L'amico di infanzia

Mi parla di grandi numeri e dell'infanzia che sente di avere ancora nelle dita. Dice che vorrebbe fare l'amore con una donna senza che se ne accorga, un semplice respiro a due, ma ben mescolato. Io parlo e poi penso che non so da che punto di me sto parlando e penso che mi ci vorrebbe qualche digiuno profondo dagli esseri e dalle cose, allora potrei dire chi sono e cosa voglio. Per ora è meglio tornare a casa a giocare coi miei pesciolini di plastica.

Appunti

A me piace la scrittura che frana. Più che belle pagine, m'interessa vedere chi sfascia sulla pagina i mille nascondigli, le briglie e i freni che ci impediscono di servire con meraviglia la nostra esistenza e quella degli altri.

A me piace chi scrive facendo sentire quello che siamo tutti, in bilico sui cornicioni. L'importante è avere davanti uno stato di esposizione e non un signore che esercita la sua professione.

Nei libri si devono scrivere cose che ancora non abbiamo confidato a nessuno. Altrimenti si fanno ombrelli, merendine.

Lunedì dell'angelo

Come se ci si dovesse muovere in un eterno controtempo, sempre un po' ai margini, sempre un po' contrariati da quello che fanno gli altri. Eppure, alla fine, c'è poco spazio per inventarsi altro. Alla fine nel modo di passare le giornate, nel modo di fare politica o di intrattenere relazioni sentimentali si comportano tutti più o meno allo stesso modo. Ognuno ha l'illusione di avere la vita tra le mani e di condurla chissà dove, poi ci si accorge che forse siamo abitati da un sosia che vive e lavora al posto nostro. Noi non ci siamo.

Lampioni spenti

Sono le sei. Mi sono stufato di leggere. Scendo giù, vado a trovare i miei genitori e do uno sguardo in macchina al paese vecchio. In piazza c'è solo la luce dell'edicola, è lunedì, via Mancini ha molti lampioni spenti, anche l'insegna di mio padre è spenta, la sala giochi è chiusa. I miei genitori stanno vicino al fuoco, la televisione accesa. In piazza c'era solo uno che voleva fare il pittore e ora è molto solo ed esaurito. Torno a casa, il paese nuovo mi appare un poco più animato. Torno vicino al fuoco, riprendo il libro in mano e lo finisco, giusto per finirlo, ma ormai non capisco più niente, è come se quel linguaggio dopo qualche pagina mi avesse anestetizzato, non lo sento più.

Letterina

Ti svegli la mattina e senti che l'aria è ferma. Apri il rubinetto della posta elettronica e non esce un filo d'acqua. Esci a prendere il giornale. Anche oggi c'è un tuo articolo. Anche oggi potrebbe chiamare qualcuno per dirti che gli è piaciuto, ma non accadrà. Torni a casa perché la piazza è vuota e nei bar a quest'ora non c'è nessuno. Ti fai un giro nelle piazze della rete. Nel tuo blog non ti è venuto a cercare nessuno. In coda ai tuoi articoli non ci sono nuovi commenti. Il telefono non squilla e sul telefonino non ci sono messaggi. È un lunedì mattina di febbraio. È la solita lotta tra narcisismo e indifferenza. La malattia di voler girare il mondo dalla tua parte. La malattia che ti impedisce di girarti dalla parte del mondo. Ti piacerebbe svegliarti in un giorno in cui il mondo è tutto un fervore, ma forse ti stancherebbe anche questo e reclameresti giornate bianche, crepe vuote in cui nasconderti. Negli ultimi mesi stai cercando di mettere la politica al posto della morte. Ma non è un travaso: i pensieri della politica galleggiano come buste di plastica, sul mare della morte. La zuppa della vita quotidiana non ti basta e cerchi l'assoluto che ti è consentito nella prossima mezz'ora. Sempre così. Adesso ti sei inventato questa storia di andare nei paesi. Prendi appunti, li filmi, fai fotografie. In alcuni ci sei andato tante volte, ti ricordi certi muri delle case più che le facce. Gli uomini raramente ti fanno impressione. Non sei mai riuscito a credere veramente nella loro vita, non sei mai riuscito veramente a farti raggiungere nella tua. Stai ancora aspettando, mentre scrivevi queste righe nessuno ha chiamato, nessuno ti ha scritto. Nel mondo ci sei solo tu e c'è solo dio e non andate d'accordo.

Coma frenetico

È la vigilia di Pasqua. Sono uscito alle quattro del pomeriggio per trovare qualcuno con cui parlare. Sono tornato a casa dopo dieci minuti. Ho scritto alcuni versi su questa infelice uscita. Dopo mezz'ora sono tornato a uscire. Questa volta con la sicurezza di avere una cosa precisa da fare: c'è il cinema all'aperto e fanno *Caos calmo*. Sto in piazza in attesa che apra il cinema e trovo anche una compagnia. È il mio amico Vito Cafazzo, preside dell'università degli accidiosi. Alle sei ci sistemiamo in sala. La proiezione parte. Dietro di noi c'è un trittico formato dalla dottoressa Lo Buono detta Pupetta, da una signora anziana, detta Maria La Bionda e da Clara, vedova e maestra di scuola materna in pensione. Davanti a noi ci sono le due figlie di Natalino Panno, un dipendente comunale morto molti anni fa. Non so cosa fanno e dove vivono le sue figlie.

Il film procede lentamente e il protagonista, sistemato su una panchina davanti a una scuola, lentamente vede formarsi intorno a lui una piccola comunità. Durante la visione del film penso a questi giorni in cui tento vanamente di parlare del mondo e del fatto che non sta più in piedi. Ieri a Foggia mi sembrava che anche i balconi avessero solo voglia di cadere. Nel centro commerciale sentivo che in realtà l'apocalisse è in corso, ma non è una cosa bruciante, è un'apocalisse comatosa. Potrei dire che il mondo vive un coma frenetico, rovesciando il titolo del film che sto vedendo. Questo coma si vede e si sente benissimo al mio paese, nella parte vecchia in special modo, quando ci sono le feste meglio ancora. Quando il film è finito fuori c'era un solo spettatore che stava aspettando il secondo spettacolo, Tonino Antoniello, disoccupato che ha perso la madre da poco e che ora vive col padre pensionato. Lui prima aveva l'hobby della fotografia, adesso non so come passa il tempo. In piazza non c'è nessuno. Prendo la macchina e torno a casa. Il paese è avvolto in un buio nerissimo. Qualcosa del genere ha scritto in questi giorni anche un mio amico marchigiano che era stato a trovarmi un mesetto fa. Un buio nerissimo come questo non ce l'ha più nessuno.

Col fiato degli altri

Siamo in un'epoca a basso voltaggio e diventa antipatico chi insiste, chi si alza, chi s'impenna. Ovunque, nei commerci, nella politica, nella letteratura, la prassi è un minimalismo etico sempre più insopportabile. Con la scusa che sono finite le grandi narrazioni si vorrebbe liquidare ogni idea sacrale e ossessiva, si vuole tenere ogni occupazione in un recinto pervaso da una nebbiolina in cui le cose stanno tra loro un po' indistinte.

Sono vietati i toni accesi, le ipotesi colossali. Impera il confronto obliquo e interlocutorio, come se dovessimo stare qui migliaia di anni, come se il mondo fosse un luogo ameno per tutti e non la pozzanghera in cui lo abbiamo trasformato. Chi smania, chi si oppone alla macelleria delle passioni diventa antipatico e contrassegnato come egocentrico e narcisista. Chi è smanioso perché il suo è un dolore che combatte, che non è rassegnato, né vuole fare finta di esserlo, viene considerato un rude, un impaziente. Chi insiste a proporre l'idea di cambiare il mondo raccoglie solo cenni di dissenso o d'indifferenza.

Provate voi a salire

Ho un'idea. Io scrivo essendo fermo a sette mesi dal punto di vista del mio cervello profondo e a dodici anni per quanto riguarda gli strati più superficiali. Nella comunicazione con gli altri spesso appaio presuntuoso, sono apparso tale anche stasera a un ragazzo reduce da un lungo periodo in una comunità per il recupero delle tossicodipendenze. Gli sono apparso fermo, fermo alla mie paure, ma parlando con lui mi è venuta l'idea che gli uomini oggi sembrano avere senso solo se hanno un ricettario, può essere dio o la globalizzazione, qualche psicologo americano o un santone orientale. Devi crescere, devi amare te stesso per amare gli altri, alla fine ti dicono sempre la stessa cosa. Il ragazzo mi ha detto: devi scendere. E io gli ho risposto: ma se devo scendere vuol dire che sto in alto, e allora perché non provate voi a salire, la vita diventerebbe più interessante se ci lasciamo andare ai morsi e alle carezze del nostro cervello: e il mio lavora secondo due meccanismi, lo ripeto, uno che risale a sette mesi l'altro a dodici anni. Questo non me lo ha detto nessun analista. Faccio un'ipotesi su di me, come si potrebbe fare un'ipotesi sull'origine dell'universo.

II
Manicomio all'aria aperta

Certe volte vorrei squarciarmi
la gola
la faccia,
scendere con una mano
a prendere il cuore
e chiedergli che vuole.

Dichiarazioni personali

ELIO MARENA

Ormai vivo murato in casa. Esco solo per depositare il sacchetto con l'immondizia e già mi pare un viaggio. Sono una trentina di metri. Tanto basta per tornare a casa disgustato. Non sopporto le ragazzine col telefonino. Non sopporto i ragazzi che girano con la macchina perché non hanno niente da fare. Ma dove cazzo li prendono i soldi per la benzina? Io ho fatto l'insegnante e adesso sono in pensione. Ho sempre la stessa macchina da vent'anni. E anche gli stessi libri. La mia giornata passa quasi tutta tra la casa e la campagna. Prendo una strada che non attraversa il paese. A me la piazza del mio paese fa schifo. Quelle persone avvitate come muffe alle panchine. Tutto prevedibile, quello che si lamenta del sindaco, quello che si lamenta per le tasse, quello che si lamenta per la sciatica e così via. Li conosco uno per uno i lamentatori, in fondo sono uno di loro, ma io almeno mi sono ritirato, non partecipo più alla sceneggiata. Dovevo andarmene da questo paese prima che mi venisse a nausea, non ce l'ho fatta, ho avuto paura. E poi dovevo andarmene lontano, restando in Italia non si risolve niente: ignoranza e meschinità ovunque. Dove non ci sono i delinquenti con la lupara ci sono i delinquenti con la cravatta, dove non c'è la miseria materiale c'è quella spirituale, veramente una nazione di merda. Basta guardare un poco gli stranieri che stanno in giro, basta vedere le nostre ragazze e quelle ucraine o polacche. Le nostre portano in giro una bellezza cinica, una bellezza che vuole solo essere guardata e non sa guardare niente. Sorrisi e moine senza mai un filo di incanto. Io avevo una sola figlia e mi è morta per una malattia fulminante, certe volte penso che è stato meglio così. Sarebbe stato un grande dolore vederla con l'aria che hanno adesso le sue compagne. Certe volte penso che la morte sia l'ultima cosa seria che abbiamo a questo mondo. E quasi ogni notte sogno la morte di mio padre. Ha ottantacinque anni ed è insopportabile. Vede tutto nero, ogni volta che mi vede deve rimproverarmi per qualcosa. E poi sta sempre a parlare, sembra che per lui vivere sia tenere la bocca aperta, non sta mai zitto, mai. Pure io ero uno che parlava spesso, ma è una cosa passata. Adesso passo intere settimane senza dire nulla. Mia moglie pure lei è una tipa silenziosa. Mi chiede se mi va bene quello che sta preparando per pranzo. Io rispondo sì e tutto è fatto, non abbiamo più nulla da dirci. Non parliamo neppure la notte, dentro il letto. Ogni tanto mi prende la voglia di fare l'amore, ogni tanto per me significa un paio di volte al mese. È una cosa che dura pochi minuti. Io ho sempre paura di morire quando si avvicina il godimento. In effetti non ho mai capito perché lo chiamano godimento. Comunque anche di queste cose non mi va più di parlare. Col tempo tutti gli argomenti mi sembrano vacui. Più cresce la stanchezza più tutto mi sembra inutile. Qualche giorno fa sono venuti degli amici a casa a propormi la candidatura a sindaco. Intanto devo dire che queste persone io non le considero amici. Abbiamo fatto qualche cena insieme molti anni fa. Ad alcuni di loro ho fatto qualche favore. Ho prestato dei soldi che non mi hanno più dato. Molti in paese avevano le chiavi della mia casa al mare. Ci andavano tutti, tranne io. Non ci sono più andato quando ho sentito che il mare non sapeva di niente, solo acqua sporca. A queste persone ho detto che io penso solo alla morte e che fare il sindaco è l'ultima cosa che vorrei fare nella vita. E poi è strano che abbiano pensato a me, a uno che da anni ha smesso di stare in piazza, uno che non crede a nessun partito, a nessuna persona. Loro hanno detto che proprio questa è la mia forza. Dicono che gli altri sono logorati, dicono che io sono perfetto. Sono onesto, onestissimo e dopo tanti fannulloni e imbroglioni un sindaco così è proprio quello che ci vuole. Dicono che è d'accordo anche il grande capo, quello che dirige il nuovo partito in cui stanno tutti. È stato proprio lui a mandarli a casa mia. Io ho continuato a esprimere la mia contrarietà, ma loro insistevano, mi hanno detto che ho una settimana per decidere. Sono andati via e mi hanno lasciato con un grande mal di testa. A me ormai parlare con la gente mi fa venire un grande mal di testa. Speravo di arrivare alla vecchiaia con un pessimismo luminoso, un po' come quello di mia moglie, ma nessuno arriva in luoghi diversi da quelli in cui è partito, siamo sempre gli stessi, il mio pessimismo era concitato e snervante da giovane e tale è rimasto. Io sono sempre stato uno che voleva cambiare la sua vita, adesso ho capito che la mia vita è stata sempre la stessa, di una fissità mostruosa. Non mi sono mai mosso di un millimetro, non sono mai andato verso un altro essere umano e mai un altro essere umano è venuto verso di me. Tutti apparteniamo nel profondo al regno minerale. Siamo pietre fin dalla nascita, pietre che poi diventano cenere. Quello che facciamo, quello che diciamo è un giochino illusionistico, una messa in scena per darci l'illusione che stia accadendo qualcosa. Noi siamo come gli alberi, come i cani, come i fili d'erba, siamo esattamente imprigionati nella nostra materia come ogni altra cosa, abbiamo solo una spolverata di equivoci in superficie, un velo di menzogna che chiamiamo coscienza. Comunque anche dire queste cose mi annoia. Fa bene mia moglie che non dice veramente niente, mai, per nessun motivo. Lei non esce e non sente il bisogno di dire che non esce, non parla e non sente il bisogno di dire che non parla. Io ho sempre avuto questa natura di accompagnare la mia vita con un apparato di note. Io sono il filologo di me stesso. Ho insegnato greco e latino, ma in realtà l'unica materia che mi sarebbe piaciuto insegnare era il mio corpo. Andare in classe e parlare del mio corpo. La prossima volta che vengono questi che mi vogliono come sindaco io gli dirò che il mio programma politico potrebbe essere solo quello di parlare del corpo. Andrei per le case a parlare del corpo e della morte. Non prometterei piscine e posti di lavoro, ma direi che il mondo è pieno di morti che non si fanno seppellire. Il mondo prima o poi smetterà di girare, si fermerà in mezzo all'universo come un asino che s'impunta e non vuole più saperne di fare sempre lo stesso giro. Il mondo ormai è troppo pesante e tutti noi siamo troppo pesanti. C'era un momento in cui peso e leggerezza si affrontavano, si alternavano come il giorno e la notte, poi il peso ha preso il largo, è diventato l'unica cosa possibile. Non avrai altro peso all'infuori di me, questo ci dice ogni cosa, ogni essere che incontriamo. Io fino a una decina di anni fa scalpitavo, cercavo di sottrarmi a questi pesi, cercavo aiuto, pensavo che ci fosse qualcuno che volesse venire come in un delirio, in una leggerezza imponderabile, pensavo che ci fosse una via d'uscita dal carcere. Non capivo una cosa semplicissima: la gente non vuole uscire, non vuole nessuna libertà se non quella di fregare gli altri. Se mi vogliono sindaco io dirò queste cose nel comizio di chiusura della campagna elettorale. Chissà, forse mi diranno che va bene anche così, tanto un discorso vale l'altro, le parole non hanno più alcuna sostanza, non vanno e non vengono da nessuna parte. Allora non mi resta che dire di no, solo un no perenne e immodificabile. Tra me e gli altri esseri umani non può esserci più alcun commercio. E mi vengono i brividi a pensare che anche questa è un'illusione. Posso uccidermi adesso o morire di vecchiaia, come faccio a impedire che a qualcuno magari venga l'idea di intitolarmi una strada? Magari parleranno di me in qualche convegno per i libri che non ho scritto, per la politica che non ho fatto, per la vita che non ho vissuto. Forse andare verso gli uomini, mischiarsi in tutti i modi nelle loro beghe è il modo migliore di sparire. Questo tenersi da parte, questo ambire a una vita semplice è in fondo una cosa spaventosamente complicata. Per fortuna che a un certo punto si muore, comunque e ovunque. La semplicità, quella vera, arriva, prima o poi arriva sempre.

ROCCO MENNA

Sono del '56, l'anno della grande nevicata. Mi chiamo Rocco e vivo da solo in via delle Noci. Le conto ogni mattina le porte chiuse: sette da un lato e sette dall'altro. Io non mi sono mai svegliato presto la mattina. Mi sono sempre svegliato in ritardo. Il mondo era già partito, anche qui dove tutto procede lentamente. Ormai sono vent'anni che mi sono laureato. Da allora non ho più messo piede in una città. Le città servono per andare a discutere la tesi di laurea e per camminare guardando i negozi. La tesi l'ho già discussa e non ho niente da comprare. I vestiti che ho mi bastano fino a quando muoio. Me li ha comprati mia madre quando era viva. Mi sono laureato in legge ma non faccio l'avvocato. Nessuno si farebbe difendere da me e io non ho voglia di difendere nessuno. Mio padre è morto in miniera. L'ho saputo quando avevo vent'anni, per caso. Era morto quando io ancora non camminavo. Mia madre non parlava mai di mio padre. Lei parlava solo con le sorelle. Tre sorelle nere. Si erano spartite il lutto per mio padre. Da allora nessun uomo oltre a me. Ero il principe di un regno poverissimo. Comunque adesso non ho voglia di parlare della mia infanzia e nemmeno della mia giovinezza. Nelle mie tasche non ci sono carte, non c'è il telefonino, non c'è l'agenda con gli indirizzi. Io tengo in tasca solo l'accendino e le sigarette. Mi alzo alle undici. Verso mezzogiorno mi metto a passeggiare. Nessuno si è avvicinato a me e io non mi sono avvicinato a nessuno. Aspetto che arrivi l'una per andare a mangiare. Io mangio al ristorante. Per me paga il Comune. Non ho una pensione, non ho un lavoro. A casa i fornelli del gas sono stati accesi l'ultima volta il giorno che è morta mia madre. Aveva preparato l'agnello al forno con le patate. È morta verso le tre, mentre vedeva *Domenica In*. Io ero al bar. Quando sono tornato l'ho trovata con la bocca storta e la mano vicino al piede del tavolo. Non ho pianto perché non sono abituato a reazioni improvvise. Io le cose le faccio lentamente. Mi piace fumare e passeggiare. Piangere non è una cosa che fa per me. Nemmeno i lamenti mi piacciono tanto. Quando ancora parlavo con qualcuno sentivo sempre che si lamentavano di qualcosa. Io li ascoltavo e non capivo bene cosa dicessero. Cominciava a salire quella nebbia che adesso mi nasconde la vista di qualsiasi cosa. Io quando passeggio in piazza non vedo niente. Cammino in una zona in cui non passa nessuno. Solo la domenica mattina devo stare attento a scansare qualcuno. Gli altri giorni il mio passeggio è indisturbato, avanti e indietro, avanti e indietro fino a quando non sento la voglia di fare una pausa. Allora mi metto in piedi nel portale del vecchio farmacista. C'è uno come me che pure passeggia sempre e pure lui ogni tanto sente la voglia di fermarsi. Abbiamo traiettorie diverse. Io procedo in parallelo alla facciata della chiesa. Lui preferisce il marciapiedi sull'altro lato della strada. Ci parliamo solo per le sigarette. Qualche volta lui la chiede a me, qualche volta io la chiedo a lui. In piazza la mattina ogni tanto compare anche Carmela. Dicono che è pazza. Di me nessuno dice che sono pazzo. Non pensano niente. Li ho fatti abituare poco a poco a quel che sono diventato. Loro vedono una torcia spenta e hanno ragione. Il mio cuore lo tengo al buio da anni. E lui ha smesso di istigarmi. Batte per consentirmi di camminare, ma io non cammino per la salute, non cammino per dimagrire. Lo faccio perché a un certo punto mi stanco di essere seduto. E quando mi siedo è perché mi sono stancato di camminare. Anche alle partite a carte non attribuisco alcun valore particolare se non quello di fare una cosa diversa dallo stare solo. Comunque non faccio mai partite a quattro: troppo frastuono. Mi scelgo o sono scelto da tipi poco loquaci. Giochiamo senza dirci molto. Alla fine mi bevo una birra, sia che perdo sia che vinco. Certe volte mi alzo senza neppure ricordarmi se ho vinto o se ho perso. Me lo ricorda il compagno di gioco dicendomi che devo andare a pagare la consumazione. D'estate si gioca all'aperto, d'inverno al chiuso. Quando gioco io non ci sono spettatori. Non sfotto l'avversario. Non attiro i commentatori di professione. Io le partite degli altri non le guardo mai. La partita deve essere come una sega, non deve durare molto. Appena mi alzo mi metto a camminare. Questo paragone adesso mi induce per un poco a parlare di sesso, così mi tolgo il pensiero. Quando studiavo a Napoli sono stato fidanzato con una ragazza della provincia di Caserta. Si chiamava Concettina. Aveva un piccolo difetto a un occhio e la lasciai dopo averla portata a fare la conoscenza di mia madre. Non volevo che lei guardasse il difetto all'occhio. A me non dava fastidio, ma ero sicuro che desse fastidio a mia madre. Con Concettina io ho avuto tre rapporti sessuali, gli unici della mia vita. Adesso è inutile descriverli nel dettaglio, anche perché non mi ricordo quasi nulla. Siamo stati fidanzati circa due anni, ma ricordo che i rapporti sessuali si sono consumati nel giro di una settimana. Prima e dopo quel periodo il nostro scambio era fatto di scarne conversazioni e litigi su niente. Lei mi rimproverava perché facevo rumore quando mangiavo una caramella. Io le rimproveravo di camminare troppo veloce. Ci vedevamo solo la sera. A me con la luce del giorno le donne danno fastidio. Quando c'è il sole non ho mai sopportato di vedere gente intorno a me. Spesso andavamo al cinema. Quando il film era eccitante lei mi toccava tra le gambe ma non voleva che mi sbottonassi. Almeno una ventina di volte sono venuto così, provando una sensazione di disagio e di rancore. Comunque su questo argomento ho già detto troppo. A me il sesso non piace. Le donne mi piaceva guardarle, meglio se da lontano e quando tornavo a casa mi facevo una sega in piedi, nel bagno. Le seghe sono state l'unica cosa della mia vita che ho fatto in maniera veloce e concitata. Per tutto il resto mi sono preso tempo, tutto il tempo che ci voleva e anche di più. Adesso anche questa cosa è passata. Quando vado a pisciare nemmeno mi guardo. L'unico movimento che faccio col mio cazzo è quello di scuoterlo per evitare che qualche goccia mi sporchi le mutande. Io le mutande me le cambio una volta a settimana, il giorno in cui mi faccio la doccia e lo shampoo. In effetti questo della doccia è l'ultimo degli impicci della mia vita. Fumare, passeggiare, giocare a carte sono cose più facili. Prima o poi smetto anche di lavarmi. Se uno mi chiedesse qual è in questo momento il mio desiderio più grande, io direi questo: che la puzza se ne andasse da sola, senza sapone né deodoranti. Veramente non penso a nient'altro. Non leggo i giornali. Non guardo la televisione. Non mi aspetto attenzioni. Non aspetto le feste o le ferie. Non ho nulla da chiedere. Non ho amici e neppure nemici. Quando sto al sole non lo faccio per abbronzarmi. Quando salgo su una macchina e mi portano da qualche parte non so dove mi portano. Sono come un morto dentro il carro funebre.

PINUCCIO SANSONE

Ormai tengo sessantadue anni e sono ancora scapolo. Quando vado a dormire penso sempre che devo incontrare una donna, una qualsiasi, ma il giorno dopo incontro solo gente che vuole parlare male di qualcuno. Al bar c'è Peppino che parla male del sindaco, all'edicola c'è Tonino che parla male di Peppino e del sindaco. Al bar di Miscia prima delle undici non c'è nessuno. Io mi sveglio presto, ho sempre il proposito di incontrare qualche donna, ma ho il difetto che da quando sono tornato dalla Svizzera non riesco più ad andare da nessuna parte. Mi sono impantanato qui, la creta mi arriva fino al cuore. Non riesco a muovermi. Mi sento nervoso, qualche volta preparo pure la valigia, ma m'invento la scusa che mia madre non sta bene e non parto più. In Svizzera con le donne non è che andasse meglio. A Basilea andavo ogni sabato in un locale diverso, speravo sempre di trovare una donna e invece incontravo sempre qualche italiano che sperava la stessa cosa. A Zurigo le puttane ti mettevano fretta e non riuscivo a combinare niente. Sono stato anche in un paesino del Ticino e lì c'era una di Bergamo che qualche chiacchiera con me la scambiava. Ogni volta sembrava che potesse accadere qualcosa, ma poi non accadeva niente. Qui al paese questo problema non c'è. La sensazione che possa accadere qualcosa se n'è andata. A me in effetti a questo punto possono solo accadere due cose: la morte di mia madre e la mia. Mio padre e mio fratello si sono già tolti il pensiero. Noi siamo ancora qui. Mia madre pensa a me e io penso a lei. Il resto del mondo non esiste. Quelli che incontro al bar o per strada sono persone che mi vogliono male. Lo vedo da come mi guardano. E non c'è mai un giorno che qualcuno mi sorrida, che qualcuno sia felice di stare con me. Qui sembra che ognuno voglia dare agli altri la colpa per la sua vita schifosa. Facciamo tutti una vita schifosa, anche il sindaco, anche il farmacista, anche l'edicolante, anche Mario il barbiere che si vanta sempre di avere tante donne. Mario ogni tanto mi dice che ne ha una per le mani che mi deve far conoscere. Lui dice che io sono ancora un bell'uomo. In effetti non ho la pancia, tengo ancora tutti i capelli in testa. Con la pensione della Svizzera potrei mantenere anche una donna con tanti vizi, e invece metto tutto alla posta. Non li ho contati, ma i soldi non mi mancano. Certe volte penso che la vita in questo mondo è diventata impossibile, non c'è proprio modo di risolvere nessuno dei problemi che ci vengono nella testa. La mia testa appena vede un problema subito ci mette davanti la lente d'ingrandimento. Pure mia madre è così, me ne sono accorto da poco, ma lei è salvata dalla vecchiaia. A novant'anni è anche normale essere tristi. Io invece non so neppure se sono triste, non so niente, non so veramente niente. Pure questa donna che dico di cercare non so poi se la cerco veramente. A me sembra che sono proprio uno venuto male, come se nella mia testa qualcuno avesse buttato un mozzicone di sigaretta e da allora la mia testa brucia e ogni pensiero che faccio aumenta il fuoco. Ho sempre pensato solo alla mia testa. È strano per uno che ha fatto per anni il muratore, è strano ma è così. Io potrei scrivere un romanzo con quello che accade nella mia testa in un quarto d'ora: accade di tutto, accade che certi pensieri si accavallano, altri si mettono di traverso, tutta una guerra di pensieri contro altri pensieri e io sto in mezzo, io che non riesco a dare ordini a nessuno, non riesco neppure a decidermi se uscire con o senza ombrello, non riesco a trovare un motivo per comprare questo o quel giornale, per parlare con questa o quella persona, non riesco a stare davanti alla televisione, ma non riesco neppure a stare in piazza, divento nervoso per questa mia impazienza e siccome divento nervoso non trovo niente che fa piacere, ho smesso di fumare, non riesco neppure a ubriacarmi, dopo il primo bicchiere bere mi sembra una cazzata inutile, mi faccio un giro con la macchina, ma cambiare le marce mi annoia, avanzo in seconda, dieci minuti da un capo all'altro del paese e poi parcheggio sotto casa, mi siedo davanti alla porta, torno dentro, torno a uscire, vado al forno a comprare un pane che non mi piace, vado a comprare le trecce che non sono come quelle di una volta, niente di quello che mangio ha il sapore che aveva una volta, il mio stomaco non digerisce niente, io non digerisco niente, tutto quello che faccio, anche mettermi una mano tra i capelli dopo un po' mi dà fastidio e mi dà fastidio anche pensare che tutto questo nervosismo possa finire se incontro una donna, questa è l'ultima illusione che mi sono concesso, è l'ultima scusa che mi sono dato per non arrendermi ed è veramente una scusa perché con tutte le polacche che ci sono in giro io una donna potrei anche trovarla, ma poi penso che a questo punto della mia vita una donna mi servirebbe solo alle quattro del mattino, mi servirebbe solo quando penso alla morte, una donna per guardare insieme il soffitto e pensare al tempo che passa, pensare al fatto che fra poco fa giorno e poi di nuovo sarà notte.

FELICINO PATANELLA

Io faccio il pittore, per un periodo scrivevo e poi ho fatto anche il regista. Ho fatto un film che si chiama *L'incendio*. Un film fatto con la videocamera fissa. L'ho messa di fronte al camino e per tutto il giorno mi sono filmato mentre buttavo nel fuoco i fogli delle cose che ho scritto. Volevo fare anche un altro film in cui bruciavo i miei quadri ma i miei quadri sono grandi e per metterli nel camino dovrei prima romperli. Io sono anche un filosofo. Penso delle cose bellissime, poco fa ho pensato che il mio gatto che guardava dalla finestra era la salvezza del mondo, tutti dovrebbero comprarsi un gatto che guarda dalla finestra. Stava nel suo corpo di gatto e guardava il mondo senza sapere niente del mondo, lo guardava perché la luce ti invita a guardare, le cose ti invitano e tu ci vai, tu le segui, noi dobbiamo tornare a rispondere agli inviti del mondo, agli inviti più semplici, e invece ci mettiamo a fare domande, facciamo sgambetti e il mondo cade, qui è tutta una caduta. Nel mio vicolo ogni tanto una vecchia si rompe un femore, dopo un po' abbiamo le ossa in polvere. La mia vita non ha capo né coda, anche la vostra vita è così, credetemi. Poco fa mi guardavo mentre facevo colazione, mangiavo nonostante che fossero ancora le sei del mattino, avevo fretta e la fretta non serve a niente. Io la notte litigo con me stesso perché gli altri non sono disponibili. Alle otto del mattino la musica è diversa. Vado al bar e offendo il primo che capita. Al paese pensano che sono pazzo ma ancora si offendono per le mie offese, ancora c'è chi crede a quel che dico e non capiscono che io non penso quello che dico, quello che dico non mi interessa, di tutte le cose che stanno al mondo, di tutte le cose che facciamo a noi non interessa niente, è tutta una pagliacciata il parlare, è tutta una pagliacciata incontrarsi, essere amici o litigare, è una pagliacciata anche la morte, anche il pensare che tutto è assurdo e brutto. Io vivo così, in questa discarica in cui butto tutto quello che sono e che faccio attimo per attimo, non conservo niente, non recupero niente. Non so che farmene della calma, ma non so che farmene neppure di questa follia, di questa impazienza inconcludente. Io sono una tibia storta, vorrei dipingere l'interno delle mie costole e non queste tele che sanno di muffa. La mia casa sa di pane azzimo. Sono solo, anche io sono solo come voi, ho due piedi e gli occhi come voi, ho quello che perdiamo e quello che perderemo, vado ai funerali, vedo anche la televisione, faccio la tosse, mi lavo i piedi, ma non serve a niente: ecco la nostra malattia, la nostra malattia è pensare che le cose debbano servire a qualcosa, che il tempo sia un lago in cui bisogna pescare per sfamarsi. Il guaio è che non mi affeziono neppure a idee come queste, non mi metto a digiunare, non m'invento una morale da santone, da rivoluzionario, non m'invento niente. Sto così come vedete e dopo un minuto mi sono accorto che non sto così, ho parlato di un altro. Io sono sfondato, non ho pareti a parte quelle del mio vicolo. Io ho il sole quando esce, certe mattine di maggio io lo sento che il sole esiste e mi fa bene e sono contento di sentirlo, quasi gli parlo e lui parla a me. Una volta parlavo anche al vento e alla nebbia. Una volta ero felice solo quando nevicava. Vedere la neve che saliva è stato l'unico piacere della mia infanzia, ma quella felicità me la rovinava mio cugino che metteva le tagliole, lui voleva approfittare della neve per acchiappare gli uccelli. Con mio cugino torniamo alla storia del volere sempre qualcosa, a questa foga di riempire il buco che portiamo nello stomaco. Vedo che vorrei confondermi le idee ma non ci riesco, vorrei confonderle anche a voi ma non ci riesco. Sto semplicemente scrivendo e voi non ci cascate, non vi fanno impressione queste giravolte che non girano niente. State incollati ai vostri piedi, alla vostra testa, non avete fatto l'errore che ho fatto io, io che ho mischiato i morti e i vivi, ho mischiato i sentimenti che avevo con quelli che non avevo, ho mischiato paure e desideri, ho giocato a prendere in giro la vita, a confonderla, come se la vita potesse essere quello che volevo io. Le dico a voi queste cose perché se le dico a un medico mi dice che dovrei ricoverarmi. E invece io voglio dipingere, voglio suonare, voglio guardare il mio gatto e le vecchie che passano. Adesso mi posso divertire immensamente con ogni gesto, anche mettermi il cappotto e aprire la porta diventa una gioia, e diventa una gioia guardare la legna accatastata del vicino, il negozio della frutta, la macelleria, il pullman parcheggiato, il manifesto funebre di Vito Malgieri, l'asfalto bagnato, Tonino che mi invita a prendere il caffè, Enzo il marmista che mi guarda storto perché è convinto che sono io a bucare le ruote alla bicicletta di suo figlio. Il medico dice che quando sono così sto vivendo la mia fase maniacale e poi dice che quando dico quello che dicevo all'inizio vuol dire che sto nella fase depressiva. Il medico può dire quello che vuole, di sicuro adesso sono le otto del mattino e sono vivo, esco, esco fuori, non c'è niente di più grande del fatto che adesso io posso uscire fuori.

TOMMASO MECCA

Per quanto mi riguarda ormai è chiaro: sono stato bene solo nel 1979, tra novembre e dicembre. Autunno indimenticabile, il primo senza la scuola. C'era sempre una grande nebbia e io mi svegliavo giusto in tempo per andare a mangiare. Alle due ero già vicino al biliardo, mi allenavo da solo per una ventina di minuti, in attesa dei primi compagni di gioco. Si andava avanti fino alle otto. Tornavo a casa solo per mangiucchiare qualcosa in piedi e subito me ne andavo da mio nonno. Dovevo fargli compagnia perché dopo la morte della nonna era solo e depresso. Lui andava a dormire verso le dieci. Io restavo sul divano, disteso nella mia posizione preferita, coperto da una pesantissima coperta di lana, da cui tiravo fuori ogni tanto qualche libro. Verso mezzanotte accendevo il televisore. Dopo molti giri sulla manopola del sintonizzatore appariva una nebbiosa stazione di un piccolissimo paese che trasmetteva film porno: uno ogni notte, replicato fino all'alba. Io lo vedevo almeno un paio di volte, alternando alla visione delle immagini la lettura di qualche demone russo. Di tante letture mi rimane nel ricordo una frase che suonava più o meno così: l'uomo, oltre a volere la felicità, ha un identico bisogno di sventura. Quanto ai film, mi è rimasta impressa solo la scena di un membro che cade a terra evirato, e da un glande a forma di cuore viene fuori uno zampillante e prolungato getto.

Miniature

RITRATTO DI SAVERIO SIVIZIA

Questo è il ritratto di un uomo che si è realizzato sulle nostre rovine.

Dovessimo attenerci alla pratica dell'eccesso, verrebbe voglia di denigrarlo fino alla sconvenienza, fino a elevare questo testo al rango e alla dignità dello scandalo. Non è nostra intenzione ricondurre la sgomentevole e pestifera politica di Saverio Sivizia a un malcostume cinico e premeditato. Non pensate a un solitario profittatore della sciagura, a uno sciacallo in scrivania. Piuttosto, siamo di fronte a uno spirito di second'ordine, un ruminante della politica, in cui solo la furbizia è ispirazione, regola di vita.

Senza il terremoto, che gli ha indicato la via dei grandi affari, sarebbe rimasto un oscuro senatore e il sindaco dei piccoli imbrogli e dei piccoli favori. Tutto quello che è accaduto in questi anni è un mirabile esempio di fruttificazione prolungata della tragedia. Se Lucifero si degnasse di beatificare i suoi uomini migliori, Sivizia sarebbe uno di questi. Egli è riuscito a compiere il miracolo di distruggere una comunità facendo straripare in mille punti il cieco fiume dei contributi statali. Grazie a misteriose alchimie, riesce a essere presente in ogni trama della vita locale pur dimorando altrove. Ulteriore impresa è l'aver reso, senza fare ricorso a purghe ed epurazioni, mugugnanti e indecisi i suoi oppositori, incapaci di esprimere il loro dissenso in maniera ardita e senza veli. Come è potuto accadere che tanti cittadini abbiano mancato di mostrarsi refrattari alle scelte di Sivizia, disponendosi verso di esse infilati nelle forche dell'opportunismo o della rassegnazione? Non commetteremo l'errore di farci un'opinione a questo riguardo. Ciò che sappiamo è che d'ora in poi la vita in questo paese dovrà procedere da un'identità frantumata, da una lacerazione prolungata. Noi vorremmo renderci felici anche di questa afflizione. Per il resto, Sivizia e i suoi seguaci faranno ciò che sanno fare.

BREVE STORIA DI A.

A. è morto dopo cinque giorni di silenziosa agonia, in sintonia con lo stile di tutta la sua vita.

Era un uomo enormemente discreto. Nessuna parvenza di baldanza e di orgoglio. Impossibile aspettarsi da lui qualche effusione, confidenza, sguaiataggine. Nessun compiacimento, né risentimento verso se stesso e gli altri. Non mostrava malevolenza per i molti torti che aveva dovuto subire nel corso di una lunga vita. Da bambino aveva conosciuto la miseria della sua dignitosa famiglia di contadini. Diventato adulto, la sua umile e oscura storia s'incrociò con la grande tragedia del secolo. Lunghi anni di guerra a cui seguì l'odissea e lo strazio della prigionia. Tornato al paese si rese conto che il lavoro come bracciante non poteva bastare a sostenere la famiglia e si decise ad emigrare. Lunghi anni all'estero pensando solo a lavorare e a risparmiare. Raggiunta l'età della pensione riprese ad accudire i suoi piccoli terreni. In campagna si sentiva indisturbato. Le sue giornate, a cui non si addiceva l'idea di riuscita o di fallimento, avevano preso una loro forma e la mantenevano, senza sussulti, senza particolari emozioni. Lui si identificava semplicemente e pienamente con la fatica che andava svolgendo. Forse si sentiva stanco, ma era contro la sua

natura disturbare, importunare gli altri. Senza particolari attese, timori o frenesie, continuava a fare le solite cose.

La mattina in cui la morte si annunciò era rimasto a casa,
non perché fosse domenica, ma perché il tempo non promet-
teva nulla di buono.

IL SALUTO

Quella donna che beve un'aranciata sui tarli d'una panca si chiama Gesilda. Per me, che ho poche speranze e attese e nessuna passione che mi tenta, lei è l'unico fiore aperto in questa terra cupa e avvelenata. Ogni giorno in questo cortile l'ombra delle mie domande e il fuggevole bagliore delle sue risposte, con cui mi ha reso familiare la diffidenza verso le cose che pensiamo. Da giovane era molto bella, racconta dei suoi numerosi corteggiatori, di lunghe malattie e di lunghi viaggi.

Oggi è un giorno particolare perché io devo andarmene e non ci sarà tempo di ascoltarla, non giocheremo a carte, non andremo a raccogliere le more, non le leggerò i miei versi incomprensibili aspettando tribolato un suo giudizio.

Il direttore vuole parlarmi, darmi dei consigli sul futuro. Dirà che devo tentare qualcosa, ma qui o altrove si fallisce sempre, anche se ogni tanto riprende il miracolo degli sforzi, la follia di chi aspetta una ricompensa.

Camera dopo camera Gesilda si fa inseguire, parla con gli altri, mette l'acqua ai fiori dentro i vasi, toglie la polvere dai tavoli. Non posso vedere il fondo dei suoi occhi. Il suo volto, fermo e pallido come un saluto lasciato in bianco, aspetta che io accenni qualcosa. Non posso muovermi, resto in bilico sulle scale. È il tempo del distacco, e sanguino.

VALERIA

L'ultimo evento importante nella vita di Valeria è stata la morte del marito. Da allora e di colpo, tutti i fragili fili che la legavano al mondo si sono spezzati. Per lei è difficilissimo incontrare qualcuno senza cadere in confusione. Sente i rapporti tra le persone irrimediabilmente scaduti. Vorrebbe ritrovare i suoi odii più che i suoi amori.

Valeria non si chiede quale sia il senso e la profondità di ciò che la conduce. Non ama giustificare la sua vita, diluirla nelle parole e negli artifici. Valeria è priva di pensieri per l'infantile disastro che si svolge fuori. Trascorre il suo tempo assieme alla sorella malata in una bella casa, uno spazio in cui può trovare di tutto: misteri e miracoli, suoni e silenzi, oscuri anfratti e limpidissime albe. È attratta e turbata dalla vita che declina nel corpo della sorella. Piuttosto che ascoltarne i rimpianti e i lamenti, preferisce cucirle un vestito, preparararle una torta luminosa per allontanare il buio che incornicia ogni sua giornata. Appena possibile Valeria cerca di distrarsi. D'estate esce in giardino: i rami degli alberi sono pieni di frutta, le farfalle non disturbano e il sole, prima del tramonto, è dolce e lontano. D'inverno ama restare a lungo sul divano: le piace leggere, guardare le trame dei tappeti, i disegni delle tazze giapponesi, gli uccelli che dormono nella voliera, i pesci rossi dell'acquario, tranquilli e illesi.

ALFREDO

L'ultima piazza del paese, col vecchio tiglio al centro e i ciottoli disposti a raggiera, è il territorio di Alfredo. Porta un berretto di lana verde in tutte le stagioni, una camicia militare e un gilè consunto con bottoni di diverse forme e colori, pantaloni pieni di rattoppi, cuciti grossolanamente dal padre, con il quale divide la misera casa e la pensione.

Padre e figlio sono assai diversi. Il primo, loquacissimo, s'intrattiene coi suoi coetanei all'ombra del tiglio o sul muretto panoramico, da cui si coglie una campagna divisa in pezzi piccolissimi, lavorati fino al margine estremo dei confini. Alfredo non parla con nessuno. Non si obbliga a niente, niente s'impone davanti a lui, sembra privo di attese, desideri, ribellioni. Giorno dopo giorno passa il suo tempo in poche e semplici occupazioni: preparare da mangiare, lavare le stoviglie al fontanile e poi rimanere a lungo appoggiato al muretto spostandosi per non farsi prendere dal sole. Una volta al mese abbandona la sua zona per andare all'edicola a comprare l'ultimo numero di «Tex», il suo eroe preferito. Cammina piano, con la testa abbassata e non c'è bisogno di alzarla perché nessuno lo saluta.

TRE STORIE DELL'IPOCONDRIA

Il problema di Renato

Il problema di Renato era l'orgasmo. Non ne aveva mai avuto uno che gli fosse sembrato all'altezza delle descrizioni che leggeva o che ne facevano gli amici. Questa incapacità di concludere felicemente l'amplesso accresceva il grumo d'inquietudine che ostruiva la sua anima e lo chiudeva dall'interno, incapace di raggiungere altro se non i riflessi delle proprie sensazioni.

Per un certo periodo aveva frequentato molte donne: forse il problema era non aver trovato quella giusta. Erano state continue delusioni. Diverse sfumature, carezze, intrecci, che non portavano via le sue ansie, ma le accrescevano, depositandosi sul fondo del suo essere di cui costituivano la parte calcarea, insensibile alla mutevole superficie degli umori e dei gesti. Il suo orgasmo era un brivido controllato, un gemito prudente. I fili che tenevano sospeso il cuore potevano spezzarsi, fargli sentire il vuoto, il corpo e l'anima invisibili, perfettamente fusi come nella morte. Lui invece doveva osservarsi, farsi testimone dei suoi progressi, distaccarsi da quella parte di sé che lo sabotava, che gli andava contro nei momenti meno adatti.

Qualche rimedio c'era: lunghi preliminari, piccole attenzioni, il sollievo della bocca o delle mani. Tradimenti continuamente evocati, perverse incitazioni, un diluvio di parole annacquavano ogni incontro d'amore facendolo somigliare a molte cose. Si può ben capire come, prima o poi, le donne si stancassero e lasciassero Renato alle sue incertezze, che talvolta lo portavano a pensare di dedicarsi agli amori maschili. Si lamentava di una continua emicrania, di una stanchezza senza fine. Tutta la sua vita era fatta di circoli viziosi. Stare male era la premessa e la conseguenza del suo non amare.

Decise comunque di sposarsi, di tuffarsi nella noia e nelle abitudini, negli impegni, nelle preoccupazioni per la casa e i figli. Il sesso passò in secondo piano e cominciò a dargli qualche inattesa soddisfazione.

Rinaldo

Il mondo di Rinaldo era la malattia. La gente, i lavori, le occupazioni erano lontani. Restava nel suo palazzo dove viveva con sua madre, uscendo solo per fare qualche passeggiata con il vecchio farmacista del paese. Quando questi morì, Rinaldo smise del tutto di uscire, a nessun altro avrebbe potuto parlare dei suoi innumerevoli disturbi. Non sopportava nessuno, aveva fatto perfino licenziare la domestica. In casa doveva fare tutto sua madre. Il suo contributo consisteva unicamente nell'apparecchiare la tavola, cambiando ogni giorno la disposizione dei bicchieri e delle posate, facendo in modo che la tovaglia pendesse sempre perfettamente ai quattro lati. Per il resto, provava repulsione per la novità, la diversità, la distrazione. Se le occupazioni normali, anche quelle modeste, richiedevano per lui un così laborioso barcamenarsi, figuriamoci la gestione delle sue ancora grandi proprietà. Suo padre era esattamente l'opposto. Voleva conoscere anche le più piccole spese. Amava parlare del raccolto, dei lavori di restauro del palazzo, piuttosto che del suo cronico mal di testa e dei capelli che gli cadevano a vista d'occhio.

Rinaldo pensava solo al corpo: non gli riusciva di avanzare su altri fronti, di vedere altre prospettive. C'era in lui un timore lento, costante, uniforme, piuttosto che sorprese o tristezze, speranza o tensioni. Non c'erano emozioni, così bizzarre, fastidiose; non c'erano sentimenti, così illogici, inattesi. Nemico della complessità, delle intuizioni, delle ipotesi e delle avventure, restava chiuso, senza preferenze. Inerme, privo di contatti, seduto lungamente su una sedia larga, con la spalliera e i braccioli, la testa inclinata all'indietro. Gli sembrava la posizione ideale per aspettare la morte o per fuggirla.

L'ultimo coito dell'anno

È la sera dell'ultimo giorno dell'anno. L'uomo che sta aspettando una ragazza si chiama Rocco e per tutta la giornata è rimasto in casa a rileggere un vecchio libro trovato per caso mentre ne stava cercando un altro. L'appuntamento è per le nove. Staranno insieme fino a mezzanotte almeno. Forse faranno l'amore, perché si vedono solo una volta alla settimana e la ragazza ha uno sguardo e una voce assai sensuali. A Rocco piace il suo seno, che è vasto e contraddice il corpo magro, il volto pallido, scavato.

Il loro amore non raggiunge alcun porto, non li distende mai completamente. Restano indecisi, d'una indecisione che non ha termine, sul futuro del loro rapporto. Non sussiste più niente di preciso sul loro viso. Anche le piccole variazioni, i lievi mutamenti di sensazioni, non arrivano più in superficie, ma rimangono nella parte più intoccabile di ognuno. Parlano volentieri soltanto della loro salute che non dà spazio alle avventure, interrompe l'avvenire, s'infiltra nei pensieri, ne inquina le radici. Considerano tutto quello che hanno fatto senza alcun orgoglio. Per vivere hanno bisogno di uno sforzo continuo, ma temono che questo sforzo li possa distruggere. Questo è il loro problema, il conflitto che mobilita le loro ansie, che rende futile tutto il resto. C'è una messa in tensione reciproca, come se il contatto servisse a caricare due forze esaurite, due corpi troppo presto sfioriti.

La ragazza è arrivata. Ha l'impermeabile inzuppato d'acqua, prima di toglierselo dà uno sguardo a Rocco che solleva appena gli occhi, chiude il libro e va a prendere le carte delle analisi. Le guardano insieme, discutono della glicemia che è troppo bassa e della tiroide che funziona male. Anche lei ha qualche nuovo problema: sente dei dolori al basso ventre e al seno, forse dovuti al recente aborto. Continuano a raccontarsi i loro mali fino a quando sentono i botti della festa. Senza che se ne accorgano è passata la mezzanotte.

Si scambiano gli auguri con un lungo bacio che fa da preludio al primo coito dell'anno.

PSEUDOAPOLOGHI

Una mattina del 1693 un uomo molto ricco vide una farfalla molto bella. Una mattina del 1995 un uomo si svegliò molto depresso. Una sera del 1999 un ragazzo ebbe un incidente stradale. Queste sono solo alcune delle cose che capitano nel mondo. Io qui mi rivolgo a quelli che non sono nati perché si facciano un'idea della situazione.

Me lo ricordo. Agitava il pugno chiuso, camminava in miseri cappotti imposti dal padre. Ora è qui che scava, scava, come se il mondo fosse nient'altro che una cava.

Tina non ha mai avuto un orgasmo in vita sua. Quando il marito le sta sopra lei finge qualche sospiro. Ma il momento migliore è sempre quando lui lo tira fuori e, subito dopo, si addormenta. Allora lei scende in cucina a farsi una camomilla, poi prova a cercare il sonno come si cerca un ago in un pagliaio.

Qui una volta c'era un vecchio scapolo che non parlava

con nessuno. Usciva ogni giorno verso sera, solo per prendere un poco d'aria. Il giorno di Natale andava a mangiare dalla sorella, ma il chiasso dei bambini lo disturbava e prima delle cinque se ne tornava a casa.

Erano così addolorati che ricevettero anche le condoglianze del morto.

Una volta andai con mio padre a Lacedonia. Andammo a vendere la mula. Una volta andai con mio padre ad Aquilonia. Andammo a vendere la vacca. Una volta andai con mio padre ad Andretta. Andammo a vendere la scrofa. Uscivamo solo per andare a vendere qualcosa e non compravamo mai niente.

All'uscita dell'ospedale il tempo non era bello. Lui ormai era più leggero dell'ombrello.

Tutto il giorno al buio. Persone in gita, coppie d'innamorati, nozze, compleanni sfilano davanti a lui. Lui non va in gita. Non partecipa alle feste di matrimonio. Non festeggia né il suo compleanno né quello degli altri. Un giorno, dal bagno dentro l'acqua e gli acidi, emerse una donna in abito bianco che tagliava una torta. Quel coltello gli entrò nel cuore e non poté più uscire.

Non leggevano mai niente. Eppure il loro amore, che prima era platonico, divenne aristotelico.

Qui una volta c'era uno che si addormentò per strada e dal suo corpo venne fuori la nebbia in cui stiamo vagando.

Ogni tanto alzava gli occhi e li perdeva.

La prima volta era già la quarta volta che ci provava. La macchina era stretta e lei era larga di petto e di bacino, il sedere era una forma vaga, niente curve, occhi senza splendore. Ma voleva farlo. Lui stava sopra col suo desiderio sgangherato. Poi invertirono le posizioni e allora avvenne quello che doveva avvenire e dopo pochi secondi un orgasmo nero come un lutto, buono solo a fargli cadere gli occhiali dal naso.

C'è stata una donna che lo ha rifiutato per vent'anni, un'altra che lo ha rifiutato per dieci anni, un'altra che lo ha rifiutato per cinque anni, un'altra che lo ha rifiutato per un anno. Adesso si lascia rifiutare per qualche giorno, non di più.

A un certo punto perse il senso della sua inquietudine. Entrò in una chioma d'albero, si fece un nido.

Era già inerme, passivo, quando la moglie gli sussurrò quello che gli aveva nascosto per una vita. Morì subito dopo, ma gli rimase per molte ore un orecchio appena caldo, come una giornata primaverile.

Fui bocciato in terza media. I quadri uscirono il tredici giugno, il giorno di sant'Antonio. Mia nonna si alzò dal letto e si affacciò alla finestra. I miei genitori non volevano uscire. Mia madre stirava nervosamente. Mio padre preparava lo zaino per andare in campagna.

Al colmo dell'eccitazione si denudavano, ma ognuno a casa propria.

In cima al paese c'era il campo di calcio. Qui una volta giocava un'ala destra che quando gli arrivava la palla subito se ne liberava con un cross al centro che nessuno riusciva a prendere. Per il resto della partita stava quasi sempre fermo a guardare il paesaggio.

Da molto tempo ormai Gerardo Quaglietta non è più al mondo e nessuno si ricorda di lui. Ma quando era in vita e viveva a Namur in Belgio succedeva la stessa cosa.

La vedova sta piangendo sulla tomba sbagliata.

Mancino in tutto, anche negli occhi. Quando va a un funerale e vuole farsi uscire qualche lacrima è sempre il sinistro ad accontentarlo.

Un dicembre cieco come quell'anno non s'era mai visto, sembrava che il giorno volesse accorciarsi fino a sparire. E infatti verso il venti il giorno sparì. C'era una nebbia così fitta che non si vedeva tra un braccio e l'altro. Bisognava tenere le mani unite, in preghiera, per poterle vedere insieme.

Nascere non era così ovvio. Non sta a noi porre fine alle nostre giornate amniotiche. Quello che vedete è uno che lavora, si prepara febbrilmente a divenire un ottimo fantasma.

Vive con sua madre, che dopo aver avuto un glaucoma all'occhio destro, teme di diventare cieca. Lei invece soffre per una gamba che le sembra più lunga dell'altra e ha paura di passeggiare in piazza. Sui modi, sui gusti, sull'idea che lei ha della vita e delle persone non è mai riuscita a parlare con nessuno. Una o due volte al mese le capita di sognare un ballerino che risponde con un lungo bacio alla sua domanda: che cosa è l'amore e io potrò averlo mai?

Dopo la morte della moglie è divenuto astemio. Ha messo la foto della moglie nel bicchiere.

Credo che sia passata la morte pure questa notte, ma non lo ha trovato. Lui era chiuso nel bagno.

Passeggiavano senza un sorriso. Lei era la Spagna. Lui al suo fianco pareva il Portogallo. Passeggiavano ora da una parte ora dall'altra della piazza, a seconda del vento. Trascorrevano molte ore senza parlarsi, ma si sopportavano volentieri. Un giorno in cui sulla loro passeggiata era giunta poco a poco l'oscurità, decisero di sposarsi.

Quando tutto era pronto c'era sempre qualcuno che gli toglieva la parola di bocca. Questo accadeva d'inverno. D'estate non si proponeva di parlare, non si preoccupava più di niente. Lavava due piatti e se ne andava in campagna.

Il geometra Di Leo dopo il grande sisma ha progettato

più di mille case, tutte orrende, compresa la sua, per la quale si è rivolto a un famoso architetto di Firenze.

Se questo libro fosse una favola armena si concluderebbe così: nel cesto ci sono tre mele, la prima è per chi ha raccontato, la seconda per chi è stato a sentire, la terza per chi ha capito.

III
Cronache dal paese della cicuta

Una volta c'era lo scemo e la pazza del paese.
Adesso tutti gli abitanti
stanno chiusi nell'armadio e portano in giro
una controfigura,
un sosia deprimente, un lampadario.

Al mio paese si parla male di tutti
ci sono poche vacche e il grano
è avvelenato dai concimi.
La piazza è in mano ai meschini
manca la gioia
la noia è tanta.
Al mio paese si è vivi fino a sei anni
e dopo gli ottanta.

DICERIE

Da come chiude la portiera della sua Fiesta targata Pisa si capisce che ha litigato con la moglie. Dopo questi litigi la cosa che gli piace di più è pronunciare il nome del suo cane.

Federico fa il meccanico. La moglie fa quello che le pare.

Sono più di trent'anni che quelle mollette stanno ferme sul balcone di Mariolina Cianci.

Un fruttivendolo in pensione, un muratore in pensione, un idraulico convalescente, un operaio della forestale, un giovane che ha il fratello geometra, un uomo che è stato in Svizzera erano davanti al bar e parlavano tra loro.

A Michele Mucci gli piaceva correggere più che aiutare.

Saverio Nigro era cattivissimo e doveva fare molti sforzi per diventare cattivo.

Ottavio Russo si diverte a parlar male del sindaco, però alla fine dice sempre che sono amici. Fabrizio Mosca si diverte a parlare male del farmacista, però alla fine dice sempre che sono amici. Linuccio Latessa si diverte a parlare male del prete, però alla fine dice sempre che sono amici. Qui tutti parlano male dei loro amici.

In un anno ha speso tremila lire nel bar dove va tutte le sere.

Nino Zichella non fa un lavoro preciso, è sempre inserito in qualche progetto pilota.

Lucia Ambrosecchia ebbe un'agonia ciarliera.

La maestra Cianciulli dormiva con una rosa di plastica tra le lenzuola.

Il poeta voleva sapere se era un genio e lo chiedeva a Ninetta Forgione.

Da ragazzo faceva le seghe ai compagni di scuola. Cinquanta lire per quelli che ancora non avevano i peli. Cento lire per gli altri.

Il negoziante di elettrodomestici che per trovare un fono deve spostare due lavatrici e tre televisori.

Gerardino Cardone pensava che il suo cazzo fosse piccolo, invece era semplicemente timido.

Vende mobili e mozzarelle.

Si vede in giro solo quando incolla i manifesti dei morti.

Quando la bidella gli porta la posta, vorrebbe chiudere la porta e metterla a gambe aperte sul tavolo, ma il massimo che gli riesce, una volta ogni tanto, è farsi sentire il polso per vedere se ha la febbre.

Pasquale Pisa si è tolto il porto d'armi e si è comprato un'enciclopedia sugli uccelli.

Ormai quest'anno è la terza volta che fa finta di saldarmi la marmitta. Voglio vedere dove vuole arrivare.

Ha novantadue anni. Quando parla con qualcuno è sempre un po' commosso.

Ugo Fusco si è sentito bene nel 1976, tra maggio e giugno.

Tra i molti regali che le ha fatto il marito, ne usa solo due, l'Audi A4 e il telefonino.

Lavorava nelle poste a Milano. Nel tempo libero studiava come avere il trasferimento. Tornato al paese, nel tempo libero lava la macchina.

Possibile che mai, neanche per un momento, Saverio riesce a vivere senza sentirsi costretto a rimproverare sua moglie? Ieri se l'è presa per le sottilette che lei ha conservato nel frigo nella posizione sbagliata.

Quelli come Nicola Cefalo danno l'idea che hanno avuto molte occasioni di morire e non le hanno sapute sfruttare.

Vito Pastore dice che a Milena Vigorito, durante l'orgasmo, il grido si alzava dalle gambe.

Antonella Prisco da quando è tornata da Milano mangia

solo verdure di campo, non guarda la televisione. Si masturba col sesso rivolto a nord.

L'impiegato del Comune sostiene che il numero delle cose a cui non crede supera il numero delle cose esistenti.

Tommaso Cocozzella abitava in un paese vicino. Si è sposato ed è venuto a insegnare qui. Conosceva molte cose dei paesi socialisti. Si vantava di conoscere il reddito pro capite dei tedeschi dell'Est e i piani economici di Ceauşescu. Adesso parla un po' a vanvera.

Nino Ambrosecchia arrivava sempre in anticipo agli appuntamenti. Morì piuttosto giovane.

Maddalena Bove il pomeriggio se la faceva con l'ingegnere e la sera andava all'Azione Cattolica.

Teodoro Tartaglia è sempre il primo a rispondere al telefono, ma le telefonate sono sempre per la sorella.

La figlia di Anna Crincoli, ventisei anni, si è fatta baciare una sola volta, quando faceva la terza media.

Uno fa l'elettrauto, ma non sa fare il suo mestiere. L'altro fa il meccanico, ma non sa fare il suo mestiere. Tutti e due quando si ubriacano sanno farsi uscire il fumo dalle orecchie.

A furia di non essere baciato la bocca gli è andata indietro e ora parla col mento. Ovviamente ha smesso di ridere, ma di questo nessuno se n'è accorto.

Quando va a pisciare gli dà fastidio la leggerezza del suo cazzo, è come tenere tra le mani una foglia.

Ha una bocca enorme. Quando parla le si vede il cuore.

Almeno una volta nel corso della notte si alza e va nella stalla ad accarezzare le sue vacche.

Una che è rimasta zitella perché voleva sposare il professionista ricco sta parlando con una che si è sposata con un poveraccio e voleva restare zitella.

Lui fa il dentista, lei l'avvocato. Sono gli unici in paese a farsi portare la pizza a casa.

Michele Bozza faceva il direttore dell'Inps a Savona. Adesso vive con la figlia a Roma e quando viene qui un paio di giorni all'anno tutti hanno qualche carta da fargli vedere.

Fabrizio il carrozziere era triste perché pesava cento chili e aveva un cazzo di trenta grammi.

Nicola vive a Milano vendendo un po' di fumo. Quando viene qui sta sempre a giocare a biliardo. Dopo ogni tiro si sistema i capelli come se fosse appena sceso da un elicottero.

È andato in pensione con la pensione di sua madre.

Giovanna Di Cecca lavorava in un ristorante nel centro di Vancouver in Canada. Lavorava nella cucina, ma subito si affacciava fuori quando le sembrava di sentire la voce di qualche italiano.

Il carrozziere è stato in Svizzera e ha una sorella a Reggio Emilia. Quando è al telefono parla sempre ad alta voce.

Angela Cardone si eccitava stirando le mutande dei fratelli. Poi, uno alla volta, i suoi fratelli si sposarono e Angela non seppe più come eccitarsi.

Il figlio di Rosanna non sa dire da che parte soffia il vento, non sa il colore degli occhi di sua madre, non sa quanti cugini ha. È uno come ce ne sono tanti ormai, non si guarda né dentro, né intorno.

Ormai gli serve il Valium anche per giocare a dama.

Quando vengono ad agosto, i nipoti parlano francese. Le nuore non parlano.

Il segretario comunale è scemo, me lo ha detto il sindaco.

Dopo aver voluto molte cose che non si sono mai compiute, dopo che si sono compiute tante cose che non aveva voluto, ha pensato di sposarsi con uno di Ortanova.

È bella, ma quel filo d'idiozia la rende bellissima.

Il maestro elementare che urla o sta zitto, non parla mai.

Alberto Pasquariello è nato nel 1942. Lavora come assistente del notaio e in passato ha fatto anche l'assistente di un dentista. Tutte le domeniche pomeriggio gli viene una vaga idea di suicidarsi, ma poi gli passa quando fanno *Novantesimo minuto* alla televisione.

Anna Molinaro non ha mai avuto malattie significative, eppure si è sempre sentita malissimo.

Gemma Portanova dice sempre che ha appena preso un Moment.

Sua madre vuole portarla dal medico. Ogni sera Michela invece di guardare la televisione sta chiusa nella sua stanza a leggere.

Uno che sognava ogni notte di non fare l'amore con sua moglie.

Oggi mentre sparecchiavo mi è venuta voglia di darmi in testa la bottiglia che avevo preso dalla tavola. È stata una voglia piuttosto intensa, ma non tanto da vincere la voglia di lasciare le cose come si trovano.

Gino Cafazzo parla sempre con Leonardo Zito perché è tornato da Bologna con la Mercedes 300.

Non sono mai riuscito a dimenticare che già qualche mese prima della fine mi chiedeva di prendere un fiammifero e darle fuoco sulla schiena.

Gli mancavano tre denti. Se ne fece mettere cinque.

Stava tutto il giorno a scrivere poesie e poi se le portava a letto.

Il dirigente sindacale, quando torna a casa trova la madre che gli apparecchia la tavola. Lui le mette in mano un fascio di giornali.

Baciò una ragazza sul muretto panoramico. Aveva sedici anni e pensava che la vita con le donne dovesse riservargli tanti, straordinari piaceri. Ma dopo quel bacio non gli è accaduto più niente.

Sposò l'uomo che le piaceva di meno e si trovò bene.

I primi mesi si baciavano, ma a debita distanza. Poi presero a stare uno sopra l'altro, ma senza sbottonarsi. Infine si sposarono, provando lo stesso piacere che si prova lavando la macchina.

Il falegname che chiude la bottega ogni quarto d'ora.

Il fratello che andava male, della scuola si ricorda solo Muzio Scevola. Il fratello che andava bene, si ricorda anche Orazio Coclite.

Elena Franciosi ha preso la qualifica di estetista ai sensi della legge 1/90, art. 3 comma 1 lettera A. Ancora non ha aperto lo studio. Per allenarsi si occupa della bellezza delle sue amiche.

Quello che insegna educazione musicale, ma nella sua classe c'è sempre un silenzio di tomba.

Quando si presenta a qualcuno dice sempre che ha la discopatia L5-S1.

Oggi uno all'edicola diceva che le danesi sono assai sensibili sul collo, specialmente sul lato destro.

Il maestro Cianfano si lamenta sempre con le bidelle che rovinano le lavagne perché le puliscono con l'acqua.

Il cazzo da solo non fa nessun rumore.

Io ho una rabbia, una rabbia per la mia vita che sfuma e che non so sfondare, non la so aprire, non la so girare dall'altra parte, non so metterla in un fiume, in una corsa, non so toccarla, non so farla toccare, che rabbia per la mia vita che mi cade addosso e che mi schiaccia sempre e comunque, qualunque cosa io faccia.

Uno che viveva in Germania venne a vivere qui perché non aveva più voglia di vivere.

Quelli che d'estate tornano e si aspettano ancora che le persone si mettano intorno a loro, invece si limitano a chiedere quando sei arrivato e quando te ne vai.

C'erano tanti porci, uno davanti a ogni casa. Questo, però, non dava al paese l'aria di un porcile.

Dalla Panda rossa targata Pz è uscito un uomo tristissimo. Sul vetro ai due lati dell'assicurazione c'erano san Gerardo e la Madonna del Carmine.

Il commerciante di grano ha un palazzo a Milano, me lo ha detto lui stesso.

Oggi ha scritto un racconto e sedici poesie.

Il maestro Iannella è convinto che da un giorno all'altro dio verrà a giustificarsi.

Mia moglie mi rimprovera sempre perché le mie mani sanno d'olio. A letto non ci sono problemi. Lei dorme nella stanza dei bambini.

In questo paese c'è sempre qualcuno che ha vissuto per un certo periodo a Torino e se n'è tornato con quello che una volta si chiamava esaurimento nervoso.

Davanti alla bara di Vito Albenzio era difficile distinguere quelli che tacevano da quelli che stavano in silenzio.

Quello che ha comprato la macchina sedici anni fa e tiene ancora la plastica sui sedili.

Al segretario della scuola piace passeggiare col vecchio direttore. Non hanno molto da dirsi, parlano per non andare al bar a spendere soldi.

Secondo il maestro Balascio noi siamo noi, cioè siamo una frittata fatta sempre con lo stesso uovo.

Avevo fatto un buco nel materasso, ma praticavo comunque il coito interrotto.

La sera, dopo che ho fatto quel servizio con mia moglie, mi metto con la testa sotto il cuscino e penso a brutte cose che non ho mai detto a nessuno.

Il poeta Solazzo dice che la sua paura di morire è così grande che l'universo al confronto gli sembra un uovo di papera.

A sei mesi era già bugiardo.

Secondo me le cose andarono così: dio gli tolse una costola e gliela diede in testa.

La moglie del netturbino mi ha detto che ha comprato uno Chanel n. 5 per la figlia che compie dodici anni.

Molti dicono che si vive solo ad agosto. Il ragioniere Lanna dice che qui si vive solo quando muore qualcuno.

Il maestro Menna non sopporta quelli di città che chiedono sempre: ma qui di cosa si vive?

Ho notato che la moglie del professore di matematica, quando va a comprare il pesce fa sempre uno starnuto per farsi notare.

Lucietta Scarano mette sempre pochi soldi nelle buste dei matrimoni.

Sono un tipo freddo, ma soffro di bruciori di stomaco.

È brutto, ma non se n'è mai accorto, perché è il più bello della sua famiglia.

La carriera esemplare di Saverio Pandiscia: segretario del circolo Nuovo Sud, cassiere della polisportiva, membro del direttivo della sezione, presidente del comitato per la festa patronale, etilista.

PENSATORI DELLE PANCHINE

In piazza i vecchi stanno chini
senza dolcezza o ira.
Il giorno porge il fondo
e si ritira.

Nevica e ho le prove. Nevica e le conseguenze sono chiare.

Le giornate del paese procedono in verticale, nel senso che si mettono una sopra l'altra a formare il muro che ti separa dal mondo. Le giornate cittadine procedono in orizzontale, a formare la strada che ti porta nel nulla del mondo.

A certi la vita deve proprio capitare tra i piedi, altrimenti proseguono come se non ci fosse.

Dal rumore puoi individuare il tipo di automobile, non il suo colore.

Quelli che si dicono preoccupati per le guerre nel mondo: non ci credete, o comunque si preoccuperebbero di più se perdessero cinque euro in un tombino.

Qui la faccenda è questa: chi non ha niente da dire ha sempre qualcosa da ridire.

Ci vorrebbe un giorno alla settimana in cui non si può morire, per esempio il sabato.

In questo paese tutti vanno alla ricerca del problema e nessuno cerca mai la soluzione. Anche per questo è un paese di pensatori.

Quando dici qualcosa a qualcuno la risposta iniziale è sempre che non è d'accordo, che il problema è un altro. Accade spesso anche altrove, ma qui insistono. Alcuni non sono d'accordo neppure con le cose che dicono loro.

A certi, se gli togli la pancia, non gli resta niente.

Certe volte non litighiamo con gli amici perché abbiamo paura che poi viene poca gente al nostro funerale.

Un'ombrello con l'apostrofo comunque si chiude.

Dio si accorse che il cuore dell'uomo era malvagio e gli costruì attorno la gabbia toracica.

Qui anche le formiche sono apatiche e le farfalle pungono.

Io sono uno che sta dentro di me perché non ha nessun altro posto dove andare.

Il paese è quel luogo dove non si può salire ma si può sprofondare.

Vorrei vivere un minuto della mia vita senza di me.

In questo paese adesso c'è chi torna con qualche bella ragazza. Prima tornavano solo con le belle macchine.

Quando c'era la comunità, questa parola non la pronunciava nessuno.

Gesù, nel periodo che andava a donne, era un uomo tranquillo. Poi gli venne una grave nevrosi e tutto il resto che sappiamo.

Ho amato i denti di una, le clavicole di un'altra. Erotismo da ossario.

Sull'amore non so veramente niente. A volte mi sembra di affezionarmi a qualcosa, ma non ne sono mai sicuro. Non c'è un posto in me dove questo sentimento si raccoglie, si mette in ordine. Comunque più che nobile l'amore è mobile, ma di poco pregio: una scarpiera.

Secondo me il problema del mondo è il giorno dopo. Tutto quello che accade diventa inutile il giorno dopo.

Qui per molti l'unico piacere è raccontare le proprie sventure. Chi non ne ha racconta le sventure degli altri, ma non è la stessa cosa.

Dio aveva la testa tra le tue gambe quando ha pensato il mondo.

LUNARIO DEI RIPETENTI

Gennaio

Rocco Cirasella si è ritirato dall'università e si messo a lavorare con il padre che fa il carrozziere.

Federico Capossela ha fuso il motore della sua Golf.

Rocco Sasso ha scoperto di avere un tumore al polmone.

Mariano Capobianco ha litigato col dentista, col fratello e con la suocera.

Pierino Zarra è tornato dalla Germania.

Maria Forgione è andata dal dietologo, dall'oculista e dall'ortopedico.

Pompilio Fioravanti è tornato dalla Svizzera.

Teresa Palladino ha scoperto di avere un cancro al seno. La dottoressa le diceva continuamente che i suoi disturbi erano legati al brutto tempo.

È morto Vito Lastella.

Pinuccio Marena è stato chiamato a un colloquio e gli hanno detto che non è idoneo per il lavoro richiesto.

È nata la nipotina del preside Maruotti.

Michele Brunetti si è messo l'apparecchio per i denti.

Lina Codella si è andata a lamentare con la maestra di matematica che assegna troppi compiti alla figlia.

Olindo Scotece ha messo il letto al piano terra, davanti al camino.

Michele Frasca ha riaperto il bar che aveva chiuso per rimodernarlo.

Tommaso Melillo si è fatto togliere un calcolo ai reni.

Febbraio

Michele Monaco si è ricoverato all'ospedale per accertamenti. Quando è uscito, gli hanno dato un sacco di carte da portare in un ospedale più lontano.

La neve ha raggiunto il balcone della casa di Romeo Giannetta.

Lucia Nigro ha tentato il suicidio.

Michele Pastore ha aperto un negozio di pezzi di ricambio per auto.

Severina Menna ha venduto due quintali di vino e si è comprata un tavolo nuovo per la cucina.

Ninetta Miele ha cambiato le medicine che prendeva per la pressione e si è sentita meglio.

Antonio Gallo è stato licenziato dalla fabbrica in cui lavorava da due mesi.

Eugenio Luongo ha trovato una polacca che deve assistere la madre.

Giovanni Rollo è caduto da un albero.

È morta la sorella del preside Maruotti.

Carmela Spirito si è lasciata col fidanzato.

Lucia Albenzio si è fatta prestare la borsetta da una vicina per andare al matrimonio della sociologa.

Tonino Ciccone è stato scoperto con la droga nella sua macchina.

Ad Amedeo Ciccone hanno rubato tre vacche.

Angela Cerreta è stata molti giorni per preparare il vestito di carnevale alla figlia.

Costantino Loffa è uscito di casa solo per andare a prendere la pensione.

Marzo

Sono morti Dinuccio Patanella, Rosa Leone e Vito Pagnotta.

Nicola Caputo ha avuto un altro infarto.

Savino Ricciardi si è comprato una macchina di cinquecento euro.

Luca Rinaldi si è laureato in legge a quarantadue anni.

Ha preso fuoco il camino di Antonio Altieri.

La maestra Petoia non è andata a scuola neppure un giorno perché le faceva sempre male la testa.

Adelina Magnotta ha fatto dire una messa per il decimo anniversario della morte del marito.

Antonietta Rollo se n'è andata in una casa per anziani.

Tuccio Melina è andato a trovare un cugino a Ortanova paralizzato da un ictus.

Nicoletta Renna si è convinta che ha un brutto male.

Gino Corlito ha cominciato la cura per i nervi.

Mirella Spirito è andata al cinema con sua madre.

Ninetta Luongo ha organizzato la recita per la festa degli alberi però è venuto a piovere e la festa non si è fatta.

Eliseo Marzullo si è separato dalla moglie.

Pietro Navarra è andato per una settimana a imbiancare la casa di sua sorella a Torino.

Ezio Giannetta se n'è andato a Ravenna.

Aprile

Rocco Maglione ha litigato con la fidanzata e ha ripreso a frequentare il bar e a bere come faceva prima.

Filomena Strazza ha venduto la vigna e coi soldi ha comprato il motorino al nipote.

Gaetano Metallo è morto sulla tazza del water e lo hanno trovato due giorni dopo.

Leonardo Liscio ha tentato di impiccarsi ma la moglie lo ha scoperto in tempo.

Rosa Maglione è morta mentre vedeva la televisione.

Franco Casale se n'è andato a Bologna con tutta la famiglia.

Assunta Pignataro ha trovato una donna straniera per accudire sua madre.

Gabriele Corlito si è ubriacato e ha vomitato in mezzo alla strada.

Il medico Lavanga si è sentito male mentre faceva visite.

Pietro Vella è venuto da Como per cercare di vendere la casa del padre.

Tommaso Giannetta si è iscritto alla scuola guida.

Si è diffusa la voce che la moglie di Peppino Corlito tiene l'amante.

Maria Cestone ha preparato le pettole pasquali ma non sono cresciute abbastanza.

Hanno tagliato le gomme alla macchina del vigile Magnotta.

Vito Viscione è morto sotto il trattore che si è rovesciato.

Peppino Lavanga si è comprato due ettari di terra a grano.

Il vento ha fatto cadere una tegola sulla macchina di Antonio Viscione.

Maggio

Pasquale Padula e la fidanzata sono andati con un anno di anticipo a prenotare il ristorante per il loro matrimonio.

Franchino Savanella ha vinto tremila euro con la schedina.

Gerardo Cappa ha chiuso il suo negozio di generi alimentari.

Nino Francavilla ha fatto un incidente con la macchina.

Il medico ha detto a Carmela Castellano che non si deve mangiare niente di dolce.

Felicino Pignataro ha perso un dente mentre mangiava e lo ha fatto sapere a tutti.

Tonino Tufo si è comprato le scarpe che costano duecento euro.

Tonino Mastrullo ha venduto una macchina di quindici anni e ne ha comprata una di dodici.

Iolanda Caruso si è ricoverata in ospedale perché a casa le tremavano le mani.

Lidia Menna si è iscritta al corso di tango.

Marco Menna ha vinto un altro concorso.

Lino Pizza si è comprato l'Audi del dottor Cerreta.

Filomena Marchitto ha preparato l'altarino per la madonna.

Michele Menna ha venduto il suo computer per venti euro.

Sono morti Ottavio Melillo e Gino Cerreta.

Natalino Miscia nonostante che è in pensione è riuscito a depositare in banca altri cinquemila euro e adesso ne ha trecentoventimila.

Giugno

Antonio Vella è partito per Poggibonsi dove il cugino gli ha trovato un lavoro come carpentiere.

Mimmo Santoro si è comprato un televisore al plasma e una poltrona che fa i massaggi.

Il figlio della vedova Nigro è stato arrestato perché vendeva la droga.

Nicola Sasso ha festeggiato i diciotto anni con trecento invitati.

A Peppino Verderosa hanno diagnosticato un tumore al cervello.

A Gerardo Cela volevano rubare il trattore ma non ci sono riusciti.

Luigino Tufo è morto per un infarto.

Hanno avvelenato il cane di Mario Casarella.

Rosetta Gisoldo ha cambiato pettinatura e fidanzato.

Filippo Limetta è morto all'ospedale dove si era ricoverato per accertamenti.

Vito Casarella ha perso mille euro in una scommessa.

La figlia di Michelino Gallo è stata bocciata all'esame per la patente.

Nino Scatozza ha scoperto di avere un tumore alla prostata.

Antonietta Ciccone ha cambiato medico.

A Giovanni Pescatore gli è passata la tosse che aveva preso a gennaio.

Luglio

Si è sposata la figlia del fruttivendolo.

Carmela Nuzzo dopo cinque mesi è uscita dall'ospedale.

Concetta Nuzzo ha litigato col marito.

Mario Petoia si è preso un nuovo cane da caccia di cui è molto contento.

Paolo Reggillo è andato in Inghilterra al funerale di sua sorella.

Sono morti Nicola Rollo e Giuseppina Nuzzo.

Il figlio della vedova Latessa si è sposato con una di Scampitella.

Antonio Giacobbe è andato per la prima volta a Roma a trovare la sorella che sta lì da trent'anni.

Antonio Spirito è andato a Napoli e si è fatto rubare il portafogli.

Vito Cialeo ha imbiancato la casa della madre.

Oreste Latessa si è rotto il femore scendendo dalle scale della chiesa.

Giuseppe Menna si è fidanzato con una rumena.

Anna Ciccone è stata sempre a prendere il sole sulla sua loggia.

Agosto

Si è sposato il figlio del macellaio.

Armando Cirasella ha avuto un sacco di ospiti.

Si è sposata la figlia dell'idraulico Scarano.

È morto Erminio Solazzo che era tornato dalla Svizzera per passare qualche giorno con la madre.

Carletto Solazzo ha fatto un incidente con la macchina.

Luciano Petoia si è tolto il porto d'armi perché ha detto che non c'è più niente a cui sparare.

Filippo Melina ha litigato coi suoi fratelli per questioni di eredità.

Angiolino Giso si è comprato una macchina di sessantamila euro.

Luca Giannetta si è rapato a zero.

Tonino Luongo è morto dopo molti giorni di agonia.

Vitantonio Luongo ha fatto una festa coi vecchi compagni di scuola.

Tonino Frasca ha perso il telefonino.

Al matrimonio di Lorena Miscia c'erano cinquecento invitati.

Settembre

Serafino Curcio è andato a Modena a prendersi un'Audi A4 di seconda mano.

Ferdinando Sansone ha avuto un ictus e ha perso la parola.

Franchino Primarosa si è fidanzato con una polacca che nessuno ha mai visto.

Anna Pizza è andata da uno psichiatra a Roma che le ha cambiato tutte le medicine che stava prendendo.

Orlando Melina si è comprato l'apparecchio per misurarsi la pressione a casa.

È morto il cane di Pasquale Caruso.

Ennio Corlito è andato in pensione.

Lucrezia Gallo si è sposata con un ingegnere elettronico.

Graziella Spatola ha cominciato a frequentare il liceo e subito ha trovato il fidanzato.

Si è allagata la casa di Franchino Luongo.

L'infermiere Melina si è preso un mese di congedo per esaurimento nervoso.

La figlia di Anna Altieri è nata di sette mesi.

Ottobre

Nicolino Gatta si è sentito male mentre giocava a carte.

Alfredo Rorro ha venduto la casa della madre per diecimila euro.

Rocco Salvante ha fatto una decina di domande per trovare lavoro.

Linuccio Primarosa ha venduto la Fiesta e si è comprato la Focus.

Luigino Francavilla ha speso settemila euro in un negozio di elettronica.

Vito Sperduto ha litigato coi vicini di casa.

Al funerale di Nino Morano è venuta anche molta gente dai paesi vicini.

Il figlio di Eleonora Rollo è caduto dalla bicicletta ed è stato per qualche giorno in pericolo di vita.

Linuccio Melina è stato operato al cuore.

Si è sparsa la voce che a Vincenzo Caruso gli è venuta una brutta malattia.

Nicola Limotta ha cominciato la cura per il diabete.

Anna Spirito ha fatto la domanda di invalidità.

Pinuccio Nigro ha comprato l'uva per fare il vino.

Loredana Prisco ha fatto la testimone al matrimonio della figlia del marmista.

Mario Luongo si è fatto ricoverare perché da molti giorni non riusciva ad andare al bagno.

Bruno Coviello si è operato per farsi togliere una cisti vicino all'ano.

Virginio Spatola è tornato dalla Francia per godersi la pensione al paese.

Novembre

Ottavio Miscia è andato al Municipio per litigare col sindaco.

Gaetano Pagnotta ha speso più di trecento euro di medicine.

La cugina di Rocco Salvante è stata vista in macchina con un forestiero.

Nerina Rollo ha preso la broncopolmonite.

Peppino Sperduto si è comprato la nuova Panda e ne parla bene con tutti.

Lorenzo Cela ha avuto una multa per eccesso di velocità.

Mario Rollo ha avuto un figlio che è nato con il labbro leporino.

Gelsomino Pepe si è operato alla prostata.

Peppino Balascio è stato intervistato da una televisione locale.

Gilberto Giacobbe ha finalmente avuto il contributo per aggiustare la sua casa.

Sono morti Nicola Pepe, Fiorenzo Toglia e Lucia Menna.

Franco Rollo è venuto a passare una decina di giorni insieme alla madre.

Pasqualino Toglia ha fatto un affare: ha comprato una Mercedes per tremila euro.

Angelina Arace ha scoperto di avere un tumore all'utero.

La gatta di Elvira Menna ha partorito sette gattini.

Leone Arace ha ucciso sei beccacce in un giorno.

Dicembre

Vito Luongo è morto all'ospedale mentre gli facevano un'operazione allo stomaco.

Vito Freda è stato lasciato dalla moglie ed è tornato a vivere con la madre.

Umberto Miele ha cominciato a prendere l'assegno per l'assistenza alla madre malata.

Palmina Luongo è morta mentre faceva la cucina.

Antonella Martino è stata chiamata a Varese a fare supplenze nella scuola media.

Elvira Reggillo è morta e ha lasciato molti soldi ai nipoti.

Alfonso Pepe ha messo in vendita la sua casa.

Clemente Maglione ha litigato col benzinaio perché secondo lui mette sempre l'acqua nella benzina.

È sparito il gatto siamese di Elisa Giacobbe.

Elvira Luongo se n'è andata a passare il Natale dalla figlia ad Asti.

Michele Freda è stato mandato dalla figlia nella casa di riposo per anziani a Grottaminarda.

Peppino Luongo è morto di cirrosi epatica a trentaquattro anni.

Salvatore Arace è morto nel sonno.

ELENCHI

Malattie al paese della cicuta

Agonia ciarliera, depressione, suicidio, reflusso gastro-esofageo, febbre da cavallo (ippocondria), malattie che fanno tremare o che ti scordi tutto, tosse, cirrosi epatica, tumore all'intestino, tumore al rene, bronchite, asma, morbo di Parkinson, mancanza di calcio, stitichezza, acidità di stomaco, insonnia, mal di testa, tumore al polmone, pazzia simpatica, peotillomania, occhi rossi, mal di cuore, calcoli renali, cancro al fegato, congiuntivite, raffreddori, cancro all'utero, cancro al seno, disturbi della tiroide, ulcera, cataratta, emorroidi, psoriasi, vitiligine, molluschi contagiosi, condiloma, alcolismo, nervosismo, stanchezza, giramenti di testa, debolezza alle gambe, ictus, cancro alla prostata, lieve sordità, pasteurella tularensis, infarto, artrosi cervicale, colite ulcerosa, mixoscopia, sciatica, fuoco di sant'Antonio, calli, geloni, slogature, tachicardia, insufficienza coronarica, eruttazioni, artrite, otite, sindrome Wpw, tic, esaurimento nervoso, sofferenze di fegato, leucemia, discopatia L5-S1.

Medicine in uso al paese della cicuta

Unipril, Ursobil, Zoloft, Sedatol, Metocal, Nenia, Veramon, Vital 50+, Lercapid 10, Formitrol, Formistin, Cardioaspirina, Acediur, Elisir Terpina, En, Clenasma, Floginax, Dividol, Belladonna, Aconitum, Apis, Nootropil, Pradif, Avalox, Risperdal, Valeriana, Triatec, Almogran, Ignatia amara, Argentum nitricum, Melatonina, Ketoplus, Keforal, Moment, Lampoflex, Valium, Aspirina, Fobidon, Frisium, Aulin, Algofen, Antalgil, Ulcedin, Ulcex, Tavor, Daflon.

Gli scapoli del bar di Scatozza

Tonino Bortone, quarantacinque anni, manovale, vive con la madre, il padre e la sorella; Alberico (Piscelunieuro), quarantanove anni, portiere dell'ospedale, vive con la madre e il padre; Peppino (Parlasulo), trentasette anni, giocatore di pallone, vive con la madre vedova; Attilio Ramundo, quarant'anni, disoccupato, vive con la sorella vedova; Nicola Barone (Caparescènga), cinquantanove anni, impiegato comunale, vive da solo.

I morti di quest'anno al paese nuovo

Antonio Pisa, novantuno anni, vecchiaia; Michele Menna, settantadue anni, tumore; Egidio Menna, sessantacinque anni, suicidio; Attilio Prisco, quarantasei anni, tumore; Clelia Pandiscia, ottantacinque anni, vecchiaia; Vito Ruffo, sessantanove anni, infarto.

Le vedove di via dei Martiri

Zia Cietta, classe '29, contadina; Esterina Toto (Coppelarossa), classe '24, maestra elementare; Salverina Garofano (Strazzavàrde), classe '21, contadina; Costantina (Capiànca), classe '35, casalinga; Michelina Musto (Tacculono), classe '41, maestra elementare; Nerina Cappa, classe '51, infermiera.

Gli ultimi emigrati al Nord

Fernando (Chìchero), muratore a Cattolica; Ilaria (Balòsse), maestra elementare a Chiasso; Sebastiano (Cicoria), programmatore a Milano; Lisa (Ciangianella), pizzaiola a Milano; Sandrino (Lu rùsso), operaio a Modena; Michele (Lu peruto), operaio a Sassuolo; Nicola (M'cciariell'), muratore a Rimini; Nicola (Carcapalle), autista a Reggio Emilia.

Luoghi dove si trovano quelli che stavano in via Montecalvario

Cremona, Foggia, Bitonto, Afragola, Ortanova, Ordona, Potenza, Secondigliano, Pisa, Brescia, Danimarca, Poggibonsi, Corato, Avellino, Melfi, Torino, Montecatini, Rapone, Calabritto, Volturara, Grottaminarda, Germania, Vasto, Basilea, Codigoro, Vancouver, Brescia, Como, Frosinone, Canosa, Savona, Svizzera, America, Inghilterra, Torino, Milano, Manfredonia.

I pensionati di via Ciani

Gerardo Freda, classe '53, impiegato; Vito Macchia (Ammacca pan'), classe '51, impiegato; Luciano Menna (Boninsegna), classe '28, contadino; Clemente Miscia, classe '41, barista; Ennio Cafazzo, classe '36, geometra; Gerardo Pandiscia, classe '28, marmista; Vincenzo Guerrizio, classe '56, nullafacente; Tonino Pastore, classe '32, contadino; Gianfranco Spirito, classe '23, contadino; Angioletto Papa, classe '25, commerciante.

Gli invalidi civili di via Cavallo

Il maestro Carbone, Tommasino, Peppino il manovale, l'ingegnere Moschillo, Nicola (Ppereta re ciuccio), Antonio il meccanico, Luca Guerrizio, Alfredo Rauseo, Valerio Antoniello, Pasquale Lissa, Maria Lissa, Nino Solazzo, Franchino Pizza.

Persone morte di tumore nell'ultimo anno

Dinuccio (Spavàro), Lidia (Petélla), Giuseppina (Miezzuruoto), Zia Teresa (Trippetuosto), Romeo Pannisco (Spaccalèvene), Antonietta Miscia (Taréngula), Rosa (Mastulùco), Antonio Scola (Lu cannaruto), Guglielmo Mosca (Licck' licck'), Rocco Cela (Lu vì lu vì lu vì), Benito Di Salvo (Cianill'), Rocco Antoniello (Spaccapret'), Donato Viscione (Lu Chiuovo).

Persone che dopo il terremoto sono tornate dalla Svizzera

Maurizio (Ciacciacotta), Michelino (Néglia), Antonio (Chiazzamorta), Emilio (Malacéra), Enzo (Bruttacozza), Michele (Pezzillo), Angelo (Cùcco), Attilio (Mastufònzo), Nicola (Zappaléscia), Agostino (Bella scrima), Luigino (Barabba), Beniamino (Paroccula ianca).

Macchine parcheggiate in via Purgatorio il 7 maggio 2005

Centoventisette, Marea Week-end, Fiesta, Mercedes 300, Bmw X5, Punto, Audi A6, Toyota, Micra, Panda, Audi A4, Volvo V70, Audi 80, Evanda, Tipo, Uno, Opel Corsa, Renault Clio, Focus.

Ringraziamenti

Ho lavorato a questi testi dalla fine degli anni Ottanta e li ho fatti leggere a tante persone. Impossibile nominarle tutte, ma desidero almeno citare gli amici e le amiche che hanno letto le ultime versioni: Nadia Augustoni, Livio Borriello, Silvia Buccolieri, Antonella Bukovaz, Antonio Celano, Maurizio Ciampa, Marco Ciriello, Serena Gaudino, Elda Martino, Laura Mauriello, Eliana Petrizzi, Elena Reverberi, Adelelmo Ruggieri.

Ho portato la cicuta all'attenzione di tanti scrittori e critici letterari. Mi piace qui ricordare per i loro consigli Gesualdo Bufalino e Giuseppe Pontiggia. Ringrazio in modo particolare Mimmo Scarpa, che ha seguito per molti anni il travaglio legato a questi testi, e chi li ha fatti apparire su carta o in rete. Cito, tra gli altri, Gianni Celati per «il manifesto», «il Semplice» e il volume *Narratori delle riserve*; Andrea Cortellessa per «Il Verri»; Tiziano Scarpa per «Il primo amore»; Luigi Grazioli per «Nuova Prosa».

arminio17@gmail.com

16,15

60 68318-